F

C.

SVOD

ou

PANDECTES RUSSES

LOIS CRIMINELLES

CODE PÉNAL

TRADUIT DU RUSSE

Par P. ROBAKOWSKI

DOCTEUR EN DROIT

Avocat à la Cour Impériale de Toulouse.

Prix : 3 fr. 50.

CHEZ LES PRINCIPAUX LIBRAIRES.

PREMIÈRE

LIVRAISON.

TOULOUSE

IMPRIMERIE TROYES OUVRIERS RÉUNIS

Rue Saint-Pantaléon , 3.

—

1864.

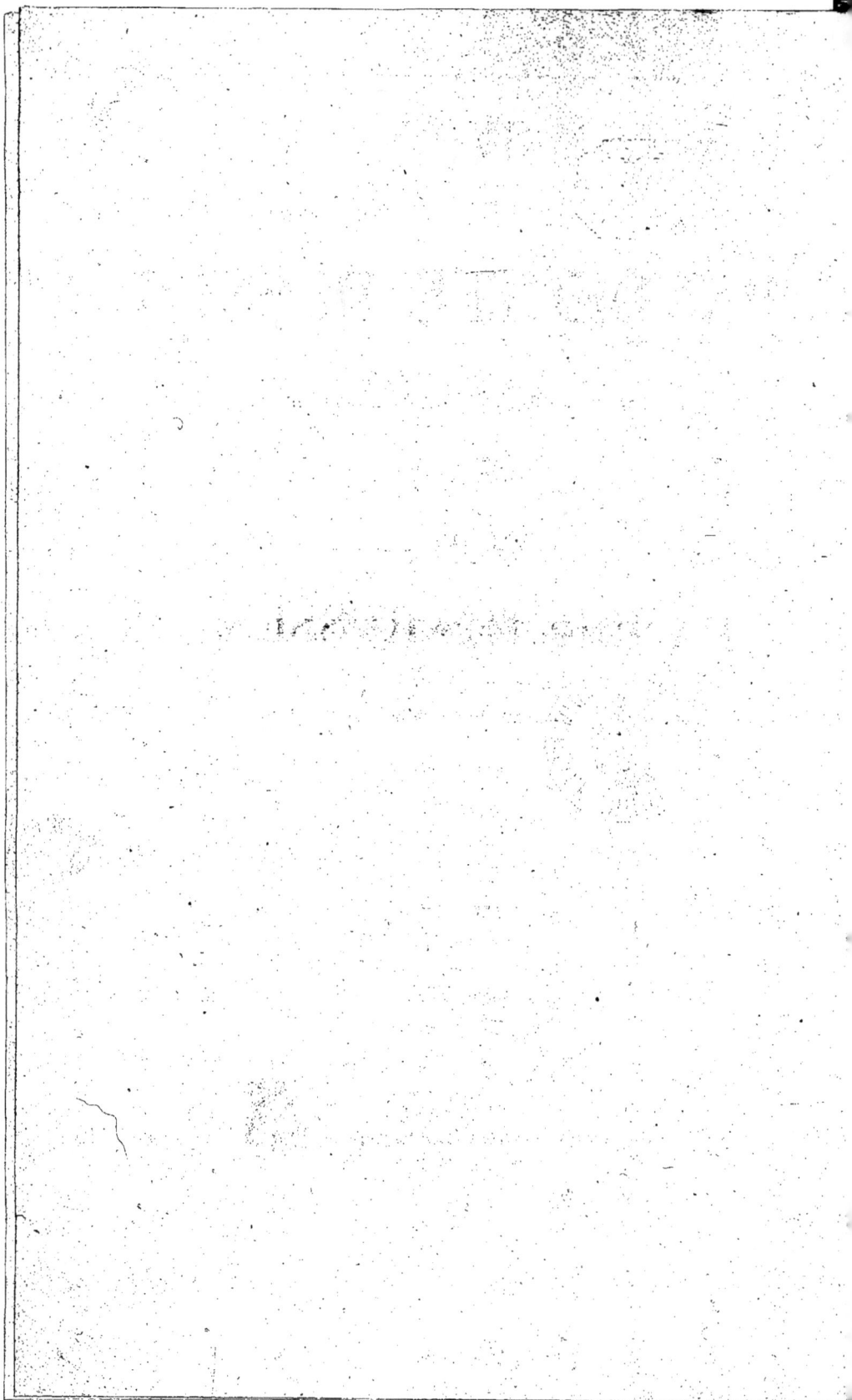

SVOD

PANDECTES RUSSES.

1864

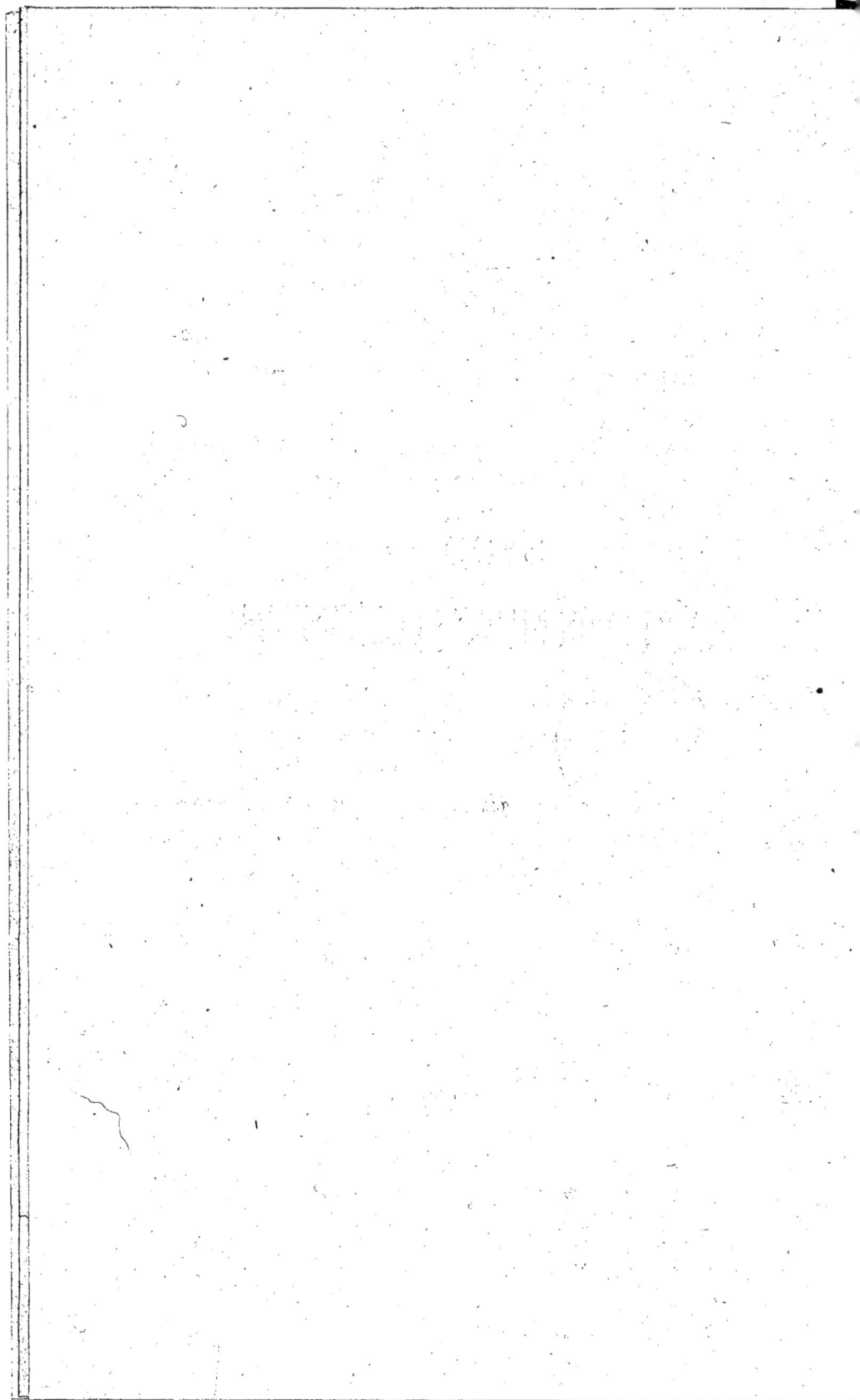

PRÆSTANTISSIMO VIRO DELPECH

Curiæ Tholosanæ clarissimo Jurisconsulto, ejusdem urbis in Academia Juris amplissimo Antecessori Decano.

ILLUSTRISSIME ANTECESSOR!

Si quid est in me juris studii, quod sentio quam sit exiguum, hujus rei tibi, Illustrissime, vel imprimis ipso jure fructus repeti debet.

Quis et enim docere diligentiùs, movere vehementiùs poterat?

Quoad longissime potest mens mea respicere spatium præteriti temporis, et adolescentiæ memoriam... triginta annis... inde usque repetens... te jam conspicio, mihi Juris principem ad ingrediendam hujus studii rationem extitisse.

DOCTOR P. ROBAKOWSKI.

SVOD

OU

PANDECTES RUSSES

LOIS CRIMINELLES

CODE PÉNAL

TRADUIT DU RUSSE

Par P. ROBAKOWSKI

DOCTEUR EN DROIT

Avocat à la Cour Impériale de Toulouse.

PREMIÈRE LIVRAISON.

TOULOUSE

IMPRIMERIE TROYES OUVRIERS RÉUNIS

Rue Saint-Pantaléon, 3.

—

1864.

INTRODUCTION.

L'intérêt légitime qui s'attache à l'étude des législations comparées m'a engagé à offrir aux amis de la science juridique cette traduction d'une partie du Svod ou Pandectes russes (1)..

Phénomène singulier dans les annales de l'humanité !..... Naguère encore, malheureux et barbare, sous l'oppression des Tartares, se débattant pendant plus de deux siècles et demi dans les étreintes du mongolisme, décimé, persécuté, tributaire, presque esclave du grand Mogol, un peuple surgit tout-à-coup, et comme par enchantement apparaît sur la scène politique avec toute l'énergie d'une nation jeune et vigoureuse !

Tel est l'antique peuple WARAGUE (2).

Déjà, grâce au souffle du génie de l'Occident, non-content de ses immenses conquêtes matérielles, le peuple russe demande à prendre part aux bienfaits de la grande famille — famille marquée au coin de la haute civilisation et de l'humanité éminemment chrétienne —, par cette main souveraine qui tient du plus haut des cieux les rênes de tous les empires ! (3).

Il en est des peuples comme des individus !....

C'est ainsi que la Russie de Rurik s'est présentée de nos jours à l'Europe dans la personne de son auguste chef le Tzar Alexandre II, comme un membre de la fédération des nations chrétiennes, unies par les liens d'une solidarité progressive.

C'est ainsi que ce souverain de soixante-dix millions d'individus, en préparant la réforme du servage en Russie, a manifesté le noble dessein d'améliorer la condition sociale de ses sujets, et de les élever tous à la hauteur des populations libres du reste de l'Europe.

> All crimes shall cease and ancient fraud shall fail ;
> Returning justice lift aloft her scale (4).

---

(1) Pandectes : nom qu'on est convenu en France de donner à un recueil de lois qui embrasse dans son ensemble toutes les règles de conduite auxquelles un citoyen est tenu d'obéir, sous peine d'y être contraint par voies de droit.

(2) Normands ou Francs.

(3) Bossuet.

(4) Pope. Avènement du Messie.

C'est ainsi encore que, dans ces derniers temps, ce monarque, stimulé par les vœux généreux de ces peuples — désireux, eux aussi, de s'éclairer et de s'instruire, *juventus legum cupida* —, a daigné consentir à honorer l'une des plus illustres académies de France, —

L'académie de CUJAS (1),

De l'envoi d'un exemplaire du

SVOD,

Imperatoriam Majestatem, non solum armis decoratam, sed etiam legibus armatam (2).

Œuvre qui comptera parmi les monuments littéraires et législatifs les plus importants du XIXe siècle.

Nous avons profité de cette occasion pour entreprendre, à Toulouse, la traduction d'une partie du Code Pénal russe, que nous offrons dès à présent comme *specimen* aux jurisconsultes français. — Heureux, si cette tentative était couronnée de succès, de pouvoir la mener à fin prochainement.

Bien que l'histoire moderne de la Russie ne date que du règne de Pierre-le-Grand, il faut cependant, sous le rapport législatif, remonter encore un demi-siècle pour trouver le point de départ de la première période de la législation russe.

En 1649, le tzar Aleksy Mikchaylovitsch, second souverain moscovite de la dynastie Romanoff, publia un Code des lois, sous le titre : *Subornoyéi Ul, ojenié tsara Aleksia Mikahaylovttscha*; ce Code contenait l'ensemble des lois civiles, pénales et administratives.

Depuis ce temps jusqu'à la fin du premier quart de notre siècle, c'est-à-dire pendant 175 ans, la législation russe a subi des changements nombreux sans que ce Code fût abrogé; mais ces changements n'étaient introduits que par des ordonnances ou décrets spéciaux et non par des codifications proprement dites. Aussi le nombre d'oukases était-il devenu monstrueux; il y avait souvent dix ou vingt lois contradictoires relatives au même sujet. Le chaos était d'autant plus grand, que le mode de

(1) Académie de législation, à Toulouse.
(2) Inst. Justin. Prœmium.

publication était très-vicieux : à défaut d'un bulletin régulier, on imprimait les lois sur de simples feuilles ou demi-feuilles de papier, et dans cet état on les envoyait aux pouvoirs chargés de l'exécution. Ainsi, les unes n'arrivaient point à leur destination, les autres s'égaraient dans les bureaux. Une législation aussi compliquée, n'étant pas éclairée et simplifiée par des travaux scientifiques, devait nécessairement amener des désordres regrettables dans l'administration de la justice de cet immense Empire ; l'unique moyen d'y remédier était d'entreprendre une codification.

Déjà, vers la fin du siècle précédent, et surtout sous l'empire d'Alexandre Ier (1800-1825), on fit plusieurs tentatives de codification ; mais elles n'aboutirent pas ; ce ne fut que dans les premières années du règne de Nicolas que cette tâche difficile a été couronnée d'un succès complet.

L'honneur de la codification russe actuelle appartient au comte Spéranski; cet homme, doué d'un esprit pénétrant et d'un remarquable sens pratique, était appelé à dégager la législation de son pays de ce chaos inextricable dans lequel elle était tombée ; il s'y prit de la seule manière qui fût propre à amener un résultat heureux.

Voici son mode de procéder :

Le Code du tzar Aleksy Mikchaylovitsch n'étant pas abrogé, le comte Speranski l'adopta pour point de départ de son travail, et après avoir réuni toutes les lois postérieures, il les coordonna par ordre de matières ; ensuite il en fit un triage scrupuleux consistant à écarter tous les oukases contradictoires, et à laisser ceux d'entre eux qui ont conservé leur vigueur obligatoire (1).

Ce sont ces derniers oukases qui ont formé le contenu des Pandectes russes publiées pour la première fois en 1832 sous le nom de SVOD, et rendu obligatoire à partir du 1er janvier 1835. Mais, en même temps, il

---

(1) La trace de ce travail préparatoire se trouve aujourd'hui dans une volumineuse publication intitulée *Recueil complet des lois de l'Empire russe (Polnoyé Solranyé zakonoves Rossiyskoyi Imperii)*. Ce recueil est divisé en deux parties, dont la première, sous le titre : *Premier recueil*, contient 32000 lois, c'est-à-dire tous les monuments législatifs depuis 1649 jusqu'à 1825, d'après l'ordre chronologique, et forme 40 volumes in-4°. L'autre partie, nommée *Second recueil*, contient les lois depuis 1825 jusqu'à nos jours. Il n'est pas fini, et il se complète chaque année par l'addition des lois nouvelles, promulguées dans son courant. En 1855, ce second recueil comptait 27000 oukases, composant 25 volumes in-4°. Chaque recueil est pourvu d'un double index chronologique et alphabétique pour faciliter les recherches.

fut décidé que pour tenir le *Svod* toujours au courant des nouveaux changements, il serait publié chaque année un supplément contenant les lois complétant, modifiant ou entièrement abrogeant les dispositions du *Svod*; que chaque dix ans on en ferait la révision, et qu'ensuite on en donnerait une nouvelle édition.

Du reste, voici ce que nous lisons à cet égard dans une instruction adressée à la commission législative de codification :

« Comme les corps de lois en fixant la législation pour le passé ne sauraient la rendre stationnaire pour l'avenir; et comme on présume l'apparition de nouveaux besoins, de nouvelles lois seront toujours nécessaires pour les régler ; il est donc facile de prévoir que par leur nombre toujours croissant la législation se trouverait bientôt replacée dans la même confusion d'où elle aurait été retirée. Pour prévenir ce grand inconvénient , le corps de lois sera continué par une suite de travaux annuels, en ramenant les divers actes législatifs successivement émis au même système d'ordre et d'uniformité. C'est ainsi que l'édifice une fois construit pourra s'étendre et s'agrandir en conservant toujours sa continuité, son ensemble et ses proportions principales. »

Aussi, la seconde édition a eu lieu en 1843, et celle dont l'Empereur a doté l'Académie de Législation en est déjà à la troisième , quoique un peu retardée.

Maintenant quelles sont les matières contenues dans le *Svod* et dans quel ordre y sont-elles distribuées ?

Afin de présenter au lecteur à cet égard une idée exacte , qu'il nous soit permis de donner ici un extrait tiré du précis historique du même comte Speranski :

« Deux liens , deux ordres de rapports, dit-il , sont nécessaires dans un Etat : les rapports politiques et les rapports civils.

Les rapports politiques sont intérieurs ou extérieurs : il n'est ici question que des premiers. Les rapports civils embrassent la famille et les biens.

Des rapports naissent les droits et obligations. Les uns et les autres sont déterminés et garantis par les lois.

De là, deux ordres de lois , les lois politiques et les lois civiles. »

LOIS POLITIQUES.

Il y a deux sortes de lois politiques qu'il faut bien se garder de confondre ; elles diffèrent dans leur objet et dans les principes sur lesquels elles sont fondées.

« Les lois de la première classe déterminent la nature du lien politique et des droits qui en découlent.

Elle comprend deux espèces de lois, dont la première définit l'ordre d'après lequel le pouvoir souverain se forme et exerce son action dans la législation et l'administration ; les organes de cette action ou les institutions, et les moyens ou les formes de l'Etat. La seconde espèce définit les rapports qui lient les sujets au pouvoir souverain, selon leurs différentes conditions, c'est-à-dire, d'après la part qui leur est attribuée dans la formation des institutions et des forces de l'Etat.

De là, quatre catégories des lois politiques :

1° Les lois fondamentales.

2° Les lois organiques. Elles règlent l'ensemble des institutions, leurs formes et les limites de leur action.

3° Les lois relatives aux forces de l'Etat.

Ces forces sont personnelles ou matérielles. Les forces personnelles sont ou militaires, — elles sont régies par des institutions particulières ; — ou destinées à pourvoir, sous la forme de prestations, à divers besoins de l'Etat, — elles sont régies par des lois générales, sous le nom de réglements sur la prestation. Les forces matérielles consistent dans les revenus. L'ordre de leur perception et de leur emploi est régi par des réglements sur l'administration des finances.

4° Les lois sur l'*Etat des personnes*.

Elles fixent les droits et les obligations des sujets d'après le degré de leur participation à l'ensemble des institutions et des forces de l'Etat.

Les lois politiques de la seconde classe garantissent, par des mesures d'ordre politique, les rapports politiques et civils et les droits qui en dérivent :

A cette classe appartiennent :

1° Les lois préservatives, telles que les réglements de police.

2° Les lois Pénales.

LOIS CIVILES.

Les lois civiles se divisent, ainsi que les lois politiques, en deux classes :

Dans la première classe se rangent toutes les lois qui déterminent les droits civils ; c'est-à-dire, 1° les lois qui règlent l'ordre des droits et des obligations de la famille ; 2° les lois qui établissent l'ordre d'acquisition et de possession des biens ; 3° les lois qui déterminent l'ordre de ces derniers droits dans leurs rapports spéciaux avec le crédit public, avec le commerce, industrie , etc.

De là, trois catégories de lois civiles :

1° Les lois sur les rapports de la famille.

2° Les lois générales sur la propriété.

Ces deux catégories sont désignées d'après l'usage reçu , sous le nom général de *lois civiles*. On y joint les lois qui règlementent l'ordre de *délimitation des possessions*.

3° Les lois spéciales sur les biens qui , d'après leur but principal, sont désignées sous le nom de lois d'économie publique.

Dans la seconde classe de ces lois sont comprises les lois qui garantissent les droits civils par des mesures purement civiles. Telles sont :

1° Les lois sur les mesures d'exécution dans les affaires qui ne sont pas susceptibles de litige.

2° Les lois sur la procédure civile en général, et en particulier sur celle de la délimitation des possessions et du commerce.

3° Les lois sur les mesures civiles d'exécution définitive.

D'après l'étroite liaison des lois civiles avec leur procédure, les règles de procédure qui appartiennent à la 2ᵐᵉ classe ont été réparties parmi les lois de la première.

Telles sont les principales bases de la division adoptée dans le corps des lois. On s'est proposé d'atteindre par là, un double but : la facilité de leur usage dans la conduite pratique des affaires, et l'établissement d'une méthode pour leur étude systématique, afin que les mêmes livres de lois , et non, deux différents systèmes , puissent servir tout à la fois de bases à l'administration des affaires et à l'enseignement classique.

C'est conformément à l'ordre des idées exposées dans ce précis, que les matières composant le *Svod* ont été distribuées et rangées dans huit livres ou codes suivants :

Le Iᵉʳ Livre contient les lois fondamentales de l'Empire russe (*Osnovnyé Zakony*) ; on y parle du pouvoir de l'Empereur et de ses attributs ; de la succession au trône , de l'organisation de la famille Impériale, des ordres Impériaux, etc.

Le IIᵉ Livre renferme les réglements sur l'ordre administratif et judiciaire des goubernies, districts, villes, villages, etc., *lois organiques* (*Utschrejdenia must y vlastey goussoudarstvennyet*).

Le IIIᵉ Livre contient les lois sur les prestations personnelles et matérielles (lois relatives aux forces de l'Etat).

Le IVᵉ Livre embrasse l'organisation des états de la société russe, comme le clergé, la noblesse, les commerçants, la bourgeoisie, les paysans, les habitants non chrétiens, etc. (*Zakony a sostoyaniach*) ou *Code de Conditions*.

Le Vᵉ Livre est consacré aux lois civiles et à celles qui régissent la délimitation des possessions. (*Garjdanskié Zakony*).

Le VIᵉ Livre contient les réglements sur l'économie politique.

Le VIIᵉ Livre renferme les lois relatives à la police intérieure.

Le VIIIᵉ Livre est consacré aux lois criminelles (*Ugolovnyé Zakony*).

Sous le rapport administratif et judiciaire, la Russie se divise en gouvernements (*goubernyi*); les goubernies sont subdivisées en arrondissements (*Ouyezdy*) et ces derniers en districts (*okroujnyi*); outre cela, chaque village forme une commune (*obchtschina*); quelques communes ensemble composent une communauté appelée *Volost*. Les villes forment une classe à part.

Chaque goubernie est administrée par un gouverneur (*Goubernator*), chaque arrondissement par un sous-préfet (*Zemski Ispravnik*), chaque district par un ou deux *Pristaves*, la commune ou la *Volost* a pour chef son seigneur qui la gouverne par l'intermédiaire d'un préposé (*Starosta*), élu parmi les paysans et par eux-mêmes.

Sous le rapport judiciaire, chaque seigneur a une certaine juridiction domestique sur ses serfs; mais à côté de lui, chaque *Volost*, surtout dans les domaines de l'Etat, possède un conseil électif (*Myrskaya Skodka*), composé de notables paysans et présidé par un *Starosta Volostny*.

Les *Pristaves* et le *Ziemski Ispravenik* exercent la police judiciaire, et ce dernier préside le tribunal correctionnel, appelé *Ziemski Soude*; le second degré de la juridiction criminelle compose les cours établies dans chaque *Goubernie*, sous le nom de *Ougolovny Soude*.

Pour les affaires civiles il y a, dans chaque arrondissement, un tribunal

Ouyezdny Soude, composé d'un juge d'arrondissement et d'assesseurs ; des secrétaires font des rapports sur les affaires qui tiennent lieu de plaidoirie, parce que la procédure civile et criminelle est secrète à toutes les instances. Dans chaque goubernie, il y a une cour civile formant la deuxième instance, composée d'un président, de plusieurs conseillers et secrétaires. Dans chaque arrondissement il y a un ou deux procureurs appelés *Straptschy*, et dans chaque goubernie, un procureur impérial, *Prokouror*.

Le sénat est la troisième et la dernière instance pour les affaires civiles et criminelles ; il se divise en douze *départements* ou *sections*, dont huit siégeant à St-Pétersbourg, deux à Moscou et deux à Varsovie ; mais les départements du sénat de Varsovie ont une organisation à part, appliquée au lois du royaume de Pologne.

Ainsi, pour l'Empire, il n'y a que dix sections, dont la première s'occupe de la publication des lois, la seconde reconnaît les titres de noblesse, et la troisième constate la délimitation des terres ; les autres sept départements du sénat se divisent en départements civils et criminels. Le nombre des premiers est de quatre (trois pour St-Pétersbourg et un pour Moscou).

La juridiction des différentes sections du sénat est territoriale, c'est-à-dire que chaque département embrasse dans son ressort un certain nombre de goubernies. Auprès de chaque département du sénat il y a un procureur impérial et quelques secrétaires-rédacteurs.

Dans les cas où les opinions des membres d'un département du sénat sont si divisées qu'il n'est pas possible d'obtenir une majorité, ou bien si le procureur impérial n'adhère pas à sa décision, l'affaire controversée doit être soumise à l'assemblée générale du sénat. Ces assemblées se forment par la réunion des deux ou trois sections. A St-Pétersbourg il y a deux assemblées générales ; à Moscou, une seule. Le ministre de la justice est le procureur général de l'Assemblée générale du sénat, et il y assiste soit en personne, ou par son délégué.

Si le même partage d'opinions arrive dans l'assemblée générale, ou bien si le ministre de la justice n'adhère pas à sa décision, l'affaire est portée au conseil d'Etat, qui donne sur elle son avis et la soumet à l'Empereur.

Les villes sont administrées par les maires appelés (*Horodnyczy*), et par les assemblées de notables, *Horodskaya Douma*.

L'état des commerçants a aussi des assemblées *Koupetscheskaya Douma*.

Pour les étrangers, il y a à St-Pétersbourg et à Moscou, des tribunaux auliques spéciaux appelés (*Nadvorny Soude*).

Sans doute, cette courte notice ne suffit point pour donner au lecteur une notion complète sur le corps des lois russes en général, et moins encore sur l'une de ses parties en particulier, — sur les lois criminelles, dont j'ai entrepris la traduction.

Le système de lois criminelles de ce vaste et hétérogène Empire, leur rédaction sous le rapport de la forme et du style, l'enchaînement de leurs principes et leur application sont si différents de ceux des codes français !

Aussi, dans l'insuffisance de mes moyens individuels, car le temps me presse et je m'aperçois déjà que j'ai dépassé de beaucoup le cadre d'abord assigné à cette courte introduction — je prends la liberté de renvoyer mon lecteur à l'ouvrage de M. Victor Foucher, duquel j'ai profité beaucoup et à qui j'exprime ici ma profonde reconnaissance !

Ce jurisconsulte et publiciste, entre autres travaux scientifiques sur les législations étrangères, a donné aussi la traduction française du code civil russe, précédée d'une dissertation érudite, approfondie.

Sous ce titre modeste : *Aperçu historique de la législation Russe*, l'auteur retrace à grands traits les hautes origines de ce peuple, scrute à fond les divers éléments qui composaient ses lois primitives ; et, s'appuyant sur des autorités irrécusables, il fixe le point de départ de la législation russe moderne, et arrive ainsi — à travers les phases qu'avait parcourues sa codification pendant près de cent cinquante ans — à nous donner une esquisse vraiment complète et exacte du *Svod*, paru pour la première fois en 1832.

Qu'il nous soit permis de dérober à ce consciencieux travail, l'une de ses plus éloquentes périodes. — Voici, ce que dit ce savant, en terminant, soit pour rehausser les grandes qualités de l'empereur Nicolas, sous le règne duquel cette œuvre s'était définitivement accomplie, soit enfin pour convier les savants et les critiques de tous les pays à en porter leur jugement :

« C'est un immense bienfait, dit-il, rendu à son Empire ; — quelles que soient les imperfections qui se rencontrent nécessairement dans un semblable recueil ; —

Car il a doté la Russie d'un corps de droit, qui permettra d'en faire l'objet d'un enseignement sérieux, et qui n'était pas possible avant lui ;

Car il familiarisera les juges et les justiciables avec une loi inconnue, le plus souvent par celui-là même qui était chargé de l'appliquer ; —

Car il préparera à l'Empire, l'émancipation complète de quarante millions de sujets, qui n'attendent que les effets de son influence protectrice pour conquérir une liberté, dont ils ne sauraient encore user aujourd'hui sans danger ; —

Car, enfin, le *Svod* en vulgarisant les lois de l'empire de Russie, appellera les investigations des publicistes des autres nations, et facilitera le perfectionnement en même temps qu'il rectifiera tant d'erreurs enracinées sur les institutions organiques de ce pays. »

Je dois également remercier deux jeunes jurisconsultes russes qui ont bien voulu m'honorer de leurs conseils et de leurs lumières pour l'intelligence du Svod, tous deux élèves de la Faculté de Droit de Saint-Pétersbourg ; ils ont dernièrement étudié dans nos deux grandes Facultés de France, et non sans succès ; car M. Cholewinski est en ce moment professeur de Droit à la Faculté de Varsovie, et M. Brochodzki, auteur d'une brillante dissertation sur le duel, lue à la séance de l'Académie de Législation de Toulouse, le 6 juillet 1863, vient d'être nommé à la même chaire à la Faculté de Saint-Pétersbourg.

Et maintenant, cher lecteur, moi aussi, désireux de votre accueil bienveillant, je termine par où j'ai commencé ; c'est que, en vous offrant l'hommage de ce travail, je m'étais proposé pour but unique de vous être utile ! Nous tous, en effet, qui composons la grande humanité, nous sommes, quoique à degrés différents, intéressés, chacun dans la mesure de nos forces, à payer au progrès commun, le tribut de nos efforts. Nous nous devons les uns aux autres et à tous la somme de lumières dont nous sommes capables ; nous sommes tenus solidairement et sans cesse de travailler au bien-être de la société au sein de laquelle nous vivons, car le travail est l'ornement du citoyen, et le bonheur est le prix de ses peines ! —

Arbeit ist des Bürgers Zierde ;
Segen ist der Mühe Preis, (1).

(1) Schiller, vivos voco ; mortuos plango, fulgura frango.

Et ce n'est point par une vaine présomption que nous invoquons ainsi le ciel pour nous et pour vous, *stultitia nostra ipsum cœlum petimus* (1)*;* mais c'est parce qu'il existe une loi qui nous y pousse irrésistiblement, loi non écrite, mais innée..... et que nos âmes en sont pénétrées. « *Est.....* *non scripta, sed nata lex; quam non didicimus, accepimus, legimus; verum ex natura ipsâ arripuimus, hausimus, expressimus; ad quam non docti, sed facti, non instituti, sed imbuti sumus* (2).

Toulouse, le 28 octobre 1864.

P. ROBAKOWSKI.

(1) Horace, ode ad Var., 38.
(2) Cic., pro Milone, 10.

PANDECTES RUSSES (SVOD)

Lois criminelles de l'Empire Russe

LIVRE PREMIER

Code des Peines criminelles et correctionnelles.

TITRE PREMIER

Des Crimes, des délits et des peines en général

CHAPITRE PREMIER

De l'essence des crimes et délits et des degrés de la culpabilité.

Section première. — *De l'essence des crimes et délits.*

Art. 1er. Tout attentat contre l'intégrité des droits du Souverain ou des pouvoirs émanant de Lui, ou contre les Droits et la sûreté de la société ou des particuliers, est qualifié *crime (Prestouplénié)*.

2. L'infraction aux règles prescrites pour la conservation des droits définis par les lois, pour leur libre exercice et le maintien de la sécurité et du bon ordre public ou particulier, s'appelle *délit (Prostoupoke)*.

3. A raison des crimes et des délits, suivant leur nature et la mesure de leur gravité, les coupables sont soumis aux peines *criminelles* ou *correctionnelles*.

4. Le crime ou le délit consiste non-seulement dans l'accomplissement d'un acte contraire aux lois, mais aussi dans l'omission de ce que la loi ordonne de faire sous la menace d'une peine criminelle ou correctionnelle.

5. Les crimes et les délits sont volontaires ou involontaires

6. Les crimes et les délits volontaires sont de deux degrés : 1o lorsque l'acte contraire aux lois a été commis avec préméditation ou dessein formé

à l'avance ; 2º lorsqu'il l'a été quoique volontairement, mais sans préméditation et seulement à suite d'une excitation soudaine et inopinée.

7. Le mal fait accidentellement, non-seulement sans dessein de le faire, mais aussi sans aucune imprudence de la part de l'auteur, n'est pas imputé à faute.

SECTION II. — *De l'intention, des actes préparatoires ; de la tentative et de l'exécution du crime.*

8. Lors du jugement des crimes volontaires, les juges doivent prendre en considération et distinguer : l'intention seule manifestée, de quelque manière que ce soit, de commettre le crime, les actes préparatoires de l'exécution, la tentative et enfin l'exécution même du crime.

9. La manifestation extérieure du dessein criminel par paroles, par écrit ou par tout autre acte quelconque, est considérée comme l'indice de l'intention. Au nombre de tels indices sont : les menaces, les jactances ou les propositions de faire un mal quelconque.

10. La recherche et l'acquisition des moyens pour l'exécution du crime ne sont considérées que comme une préparation pour y arriver.

11. La tentative du crime est toute action par laquelle commence ou continue la mise en exécution du dessein criminel.

12. Le crime est réputé consommé, lorsque, dans son exécution même, le mal que le coupable avait résolu de commettre ou tout autre méfait provenant des mêmes actes, se sont effectivement réalisés.

SECTION III. — *De la participation au crime.*

13. Dans un crime commis par deux ou plusieurs personnes on distingue si ce crime était commis en conséquence d'un concert préalable de tous ou de quelques-uns des coupables, ou s'il a été commis sans ce concert préalable.

14. Dans le cas d'un crime commis par plusieurs individus sans concert préalable, sont considérés, parmi ceux qui y ont pris part ;

Comme chefs, ou coupables principaux :

D'abord, ceux qui ont dirigé ou commandé les actions des autres ; ensuite ceux qui ont pris part à l'action avant les autres, dans son commencement même, ou bien qui ont immédiatement consommé le crime.

Sont considérés comme participants :

Ceux qui ont immédiatement aidé les chefs dans l'exécution du crime ;

Et ceux , qui ont fourni des moyens pour la perpétration du crime, ou qui ont cherché à écarter les obstacles qui s'y opposaient.

15. Dans les crimes commis par plusieurs individus, APRÈS UN CONCERT PRÉALABLE, sont considérés comme :

AUTEURS :

Ceux qui ayant conçu un crime, y ont entraîné les autres, et ceux qui ont dirigé les actions coupables lors de leur exécution ou de la tentative ou qui s'y sont présentés les premiers ;

Comme COMPLICES :

Ceux qui se sont concertés avec les auteurs ou autres coupables pour consommer un crime prémédité , avec leurs forces ou actions réunies ;

Comme INSTIGATEURS OU EXCITATEURS ;

Ceux qui , sans prendre part eux-mêmes à l'exécution du crime ont employé des prières, des persuasions ou des séductions et promesses de profits ou des machinations et manœuvres frauduleuses ou des violences et des menaces pour y entraîner les autres ;

AUXILIAIRES (ou Aides) ;

Ceux qui , sans avoir pris une part directe à la perpétration du crime , auront cependant , dans des vues lucratives ou guidés par d'autres intérêts personnels , aidé ou promis d'aider les auteurs du crime par leurs conseils ou en leur donnant des instructions et renseignements, ou en leur fournissant d'autres moyens quelconques pour l'exécution du crime , ou en écartant des obstacles qui s'opposaient à sa perpétration , ou auront sciemment donné chez eux refuge aux auteurs avant son exécution, ou auront promis d'aider par le recel les criminels ou le crime après sa perpétration.

16. En outre, parmis ceux qui participent à l'action criminelle , sont considérés comme y adhérant :

1° Les coupables D'INERTIE (*Popoustiteli*) :

Ceux qui, ayant l'autorité ou la possibilité d'empêcher le crime, l'auront avec dessein ou du moins sciemment laissé s'accomplir.

2° Les RECÉLEURS.

Ceux qui, n'ayant pris aucune part dans la consommation du crime, auront seulement , après son exécution, sciemment participé au recel ou à la destruction de ses traces, ou au recel des criminels eux-mêmes , ou auront sciemment pris ou reçu en garde, donné ou vendu aux autres les objets volés, enlevés ou acquis de toute autre manière illégitime.

17. Sont aussi réputés participants au crime ceux qui sachant qu'un crime allait se commettre ou qu'il a été déjà commis, et ayant possibilité d'en informer les autorités, n'auront pas rempli cette obligation.

CHAPITRE DEUXIÈME.

Des Peines.

SECTION 1. — *Des genres, des degrés des peines et de leurs suites.*

18. Conformément au principe posé dans l'art. 3 du présent Code, toutes les peines établies par la loi pour crimes ou délits, sont rangées en deux classes principales : les peines *criminelles* et les peines *correction-nelles* ; chacune de ces classes se subdivise en plusieurs genres et degrés, comme cela sera indiqué en détail par les art. 19, 21, 22, 23, 34, 35, 37, 38, 39, 40, 41, 42, 43, 44 et 45 de la présente section.

19. Les peines criminelles déterminées par la loi sont les suivantes :

1. La perte de l'état civil et la peine de mort.

II. La perte de l'état civil et la déportation avec travaux forcés; et pour les individus, qui ne sont pas exempts de punitions corporelles, la peine publique, de trente à cent coups de knout infligés par les bourreaux, avec application de l'empreinte d'un fer rouge, et aussi, la déportation aux travaux forcés, avec perte de l'état civil.

III. La perte de l'état civil et la déportation pour coloniser dans la Sibérie ; et, pour les individus non-exempts de punitions corporelles, la peine publique de dix à trente coups de knout par les bourreaux, mais sans empreinte de fer rouge ; et aussi, la déportation pour coloniser dans la Sibérie, avec perte de l'état civil.

IV. La perte de l'état civil et la déportation pour coloniser dans la province Transcaucasienne.

20. La manière dont la peine de mort doit être subie sera déterminée par l'arrêt du tribunal.

21. La nature et la durée des travaux forcés, et, pour les individus non-exempts de punitions corporelles, le nombre des coups de knout par les bourreaux, est déterminé selon la nature du crime et la mesure de la faute d'après l'echelle pénale suivante :

1er Degré. — Les travaux dans les mines à perpétuité, la peine du knout, cent coups.

2e Degré. — Les travaux dans les mines pour un temps de quinze à vingt ans ; la peine du knout , de quatre-vingts à quatre vingt-dix coups.

3e Degré. — Les travaux dans les mines, de douze à quinze ans ; la peine du knout, de soixante-dix à quatre vingts coups.

4e Degré. — Les travaux dans les forteresses, de dix à douze ans, la peine du knout, de soixante à soixante-dix coups.

5e Degré. — Les travaux dans les forteresses, de huit à dix ans, la peine du knout, de cinquante à soixante coups.

6e Degré. — Les travaux dans les établissements de l'Etat, de six à huit ans ; la peine du knout, de quarante à cinquante coups.

7e Degré. — Les travaux dans les établissements de l'Etat, de quatre à six ans ; la peine du knout de trente à quarante coups.

Remarque. Dans les goubernies de Lieflande et d'Estlande , au lieu de la peine du knout, on appliquera celle de *parrutènes* (espèce de verges), d'après la gradation suivante :

1o Dans Lieflande : les cent coups de knout seront remplacés par trente coups de verges , appliqués par trois dimanches consécutifs, à raison de dix coups chaque fois ; les quatre-vingt-dix coups de knout , par vingt-sept coups de verges , par trois dimanches, à raison de neuf coups chaque fois ; les quatre-vingts coups de knout , par vingt-quatre coups de verges en trois dimanches, à raison de huit coups chaque fois ; les soixante-dix coups de knout, par vingt et un coups de verges,.en trois dimanches, à raison de sept coups chaque fois ; les soixante coups de knout, par dix-huit coups de verges, en deux dimanches, à raison de neuf coups chaque fois ; les cinquante coups de knout, par quinze coups de verges, en deux dimanches, à raison de huit et de sept coups ; les quarante coups de knout, par douze coups de verges , en deux dimanches, à raison de six coups par chaque fois ; trente coups de knout par neuf coups de verges en un dimanche ; vingt coups de knout , par six coups de verges , en un dimanche , et dix coups de knout , par trois coups de verges en un dimanche ;

2o Dans l'Estlande , les dix coups de knout seront remplacés par quatre coups de verges , en opérant de manière que la peine à infliger au criminel à coups de verges soit exécutée de quatre à seize coups inclusivement dans un jour ; de vingt à trente-deux coups inclusivement dans deux jours, et au-dessus; de trente-deux coups dans trois jours. Toutefois, la détermination précise des coups de verges pour les jours de peine est laissée au tribunal du lieu, séparément pour chaque cas particulier, en observant néanmoins les limites ci-dessus indiquées.

22. La déportation pour coloniser dans la Sibérie, aux lieux plus ou moins éloignés, et, en outre, pour les individus non exempts de punitions corporelles, le nombre des coups de knout seront appliqués, suivant la nature du crime et la mesure de la faute, d'après la gradation suivante :

1er *Degré.* — La déportation pour coloniser aux lieux les plus éloignés de la Sibérie, et pour les individus non exempts de punitions corporelles, la peine du knout de vingt à trente coups.

2e *Degré.* — La déportation pour coloniser aux lieux moins éloignés de la Sibérie, la peine du knout de dix à vingt coups.

23. La déportation dans la province Transcaucasiène ne sera appliquée que pour certains genres particuliers de crimes. Le lieu pour la subir sera indiqué par un arrêté de l'administration supérieure de la province.

24. La perte de l'état civil comprend :

Pour les nobles (dvoranes), la perte de la noblesse héréditaire ou personnelle et de tous les privilèges qui y sont attachés.

Pour le clergé, l'exclusion de l'ordre ecclésiastique, avec perte de tous les privilèges qui y sont attribués.

Pour les citoyens notables, héréditaires et personnels, et pour les marchands de deux premières classes, la perte de *bon nom* (dobravo imenie) , et de tous les privilèges accordés généralement aux habitants de villes, et en particulier aux citoyens notables et aux marchands des deux premières classes.

Pour les individus de toute autre condition, la perte de *bon nom* et des droits attribués à chacune de ces conditions.

22. La privation de l'état civil est toujours accompagnée de celle de titres honorifiques, des rangs, croix, et autres signes de distinction, de l'enlèvement au condamné des chartes, diplômes, patentes et attestations qui lui auraient été accordés personnellement.

26. La perte de l'état civil ne s'étend pas à l'épouse ni aux enfants du condamné, nés ou conçus avant sa condamnation, ni aux descendants des enfants. Ces derniers conservent tous les droits de leur condition, même dans le cas où, en vertu d'une décision de l'autorité compétente, ils auraient volontairement suivi le condamné au lieu de sa déportation.

On ne pourra apporter des restrictions à la jouissance de leurs droits pendant leur séjour avec le condamné au lieu de sa déportation, que dans les cas très graves d'une nécessité absolue, et qu'après examen et décision des autorités supérieures. Au demeurant, et sans avoir égard à ces restrictions, il est permis à l'épouse et aux enfants du condamné aux travaux forcés ou à la colonisation, nés ou conçus avant sa condamnation, de porter leurs noms et leurs titres précédents, en conservant le rang et la condition qu'avait précédemment leur époux ou père.

27. L'arrêt qui condamne à la peine du knout par les bourreaux sera mis à exécution, par ordre du tribunal, soit dans la ville où le condamné se trouve détenu, ou au lieu même où il a commis le crime, mais toujours publiquement.

28. L'application de l'empreinte du fer rouge au condamné suivra immédiatement la peine du knout, aussi publiquement et par la main du bourreau. Cette marque consistera dans l'empreinte faite de la manière déterminée pour cet effet, sur le front et sur les joues du condamné, des lettres K. A. T. (c'est-à-dire *forçat*) *katorjeni*. Les individus qui auront atteint l'âge de soixante-dix ans et les femmes ne seront pas soumis à cette marque.

29. Les suites de la condamnation aux travaux forcés sont : la perte des droits de famille et de propriété dont le condamné jouissait avant sa condamnation et après la cessation de ces travaux soit par l'expiration du terme ou par toute autre cause, la colonisation dans la Sibérie à perpétuité.

30. Les suites de la condamnation à la déportation pour coloniser, sont aussi la perte des droits antérieurs de famille et de propriété.

31. La perte des droits de famille consiste :

1° Dans la dissolution du mariage, à l'exclusion des cas dans lesquels l'épouse du condamné, ou l'époux de la condamnée auront volontairement suivi leur conjoint aux lieux de leur déportation. Les conjoints qui n'auront pas suivi leurs conjoints au lieu de leur déportation pourront demander à leurs autorités ecclésiastiques la dissolution de leur mariage. L'administration ecclésiastique procèdera dans ce cas conformément aux règles prescrites par les canons de leur confession. Pourront aussi demander le divorce, les personnes qui, ayant suivi les condamnés au lieu de leur déportation, s'y seraient mariées avec eux, si ces derniers, poursuivis pour un nouveau crime, venaient à être frappés d'une nouvelle condamnation entraînant après elle , derechef, la dissolution des droits de famille. Si cependant les condamnés viennent plus tard, soit par la grâce du Monarque, ou en vertu du jugement du tribunal, à être grâciés ou déclarés innocents et renvoyés au lieu de leur premier séjour, le mariage qu'ils avaient précédemment contracté, et dont la dissolution n'aurait pas été provoquée par leurs conjoints pendant le temps de leur déportation, continuera de rester dans sa force primitive ;

2º Dans la dissolution de la puissance paternelle du condamné sur ses enfants, nés ou conçus avant sa condamnation, s'ils ne l'ont pas suivi au lieu de sa déportation, ou si, l'ayant suivi, ils l'ont délaissé ensuite;

3º Dans l'extinction de tous les autres droits basés sur les rapports de parenté ou d'alliance.

32. Par suite de la perte des droits de propriété, tous les biens qui appartenaient au condamné avant sa condamnation aux travaux forcés ou à la déportation pour coloniser, passent à ses héritiers légitimes, de la même manière que s'il était mort naturellement, à partir du jour où l'arrêt de sa condamnation, devenu irrévocable, lui aura été dûment notifié. Ses héritiers légitimes succèdent aussi par droit de représentation à tous les biens qui auraient pu échoir au condamné à titre de succession depuis sa condamnation.

33. La condition des condamnés aux travaux forcés ou à la déportation pour coloniser, se trouve déterminée par des réglements particuliers à cet effet.

34. Les peines *correctionnelles* définies par les lois sont les suivantes :

1º La perte de tous les droits et priviléges particuliers, personnellement accordés au condamné ou qui lui sont attribués par droit de sa condition, et la transportation pour demeurer dans des centres plus ou moins éloignés de la Sibérie, avec réclusion à temps ou lieu déterminé pour son séjour, ou sans cette réclusion; et pour les individus non exempts de peines corporelles, la peine de cinquante à cent coups de verges infligés par les agents de police, et leur envoi à temps dans les compagnies de discipline de la juridiction civile, aussi avec perte de tous les droits et priviléges particuliers, personnels ou qui leur sont dus d'après leur condition ;

2º La transportation dans les goubernies plus ou moins éloignées, autres que celles de Sibérie, avec perte de tous les droits et priviléges particuliers, et avec réclusion à temps au lieu désigné pour sa demeure, ou sans réclusion; et pour les individus non exempts de punitions corporelles, la réclusion dans une maison de force, aussi avec perte de tous les droits et priviléges particuliers ;

3° La réclusion à temps dans une forteresse, avec perte de quelques-uns seulement des droits et priviléges particuliers, ou sans leur perte, eu égard à la nature du délit et à la mesure de la faute ;

4° L'emprisonnement à temps dans une maison de correction, avec privation de certains droits et priviléges particuliers, ou sans cette privation, suivant les circonstances ;

5° La réclusion temporaire dans une prison ;

6° Les arrêts à court délai ;

7° Les réprimandes publiques à l'audience du tribunal, les remontrances, censures, notes et observations des autorités, et les amendes pécuniaires.

Remarque. — Pour les goubernies dans lesquelles, conformément aux dispositions du paragraphe 2 du présent article, les condamnés peuvent être transportés pour y demeurer, le ministre de l'intérieur les fait connaître chaque année au ministre de la justice, qui en informe tous les tribunaux judiciaires.

35. Les lieux plus ou moins éloignés pour les transportés dans la Sibérie, et la durée de leur réclusion dans ces lieux, ou celle de l'interdiction de s'en éloigner, et pour les individus non exempts de punitions corporelles, le temps des travaux dans les compagnies de discipline et le nombre de coups de verges, sont déterminés suivant la mesure de la faute, selon la gradation suivante :

1ʳ *Degré.* — La transportation pour demeurer dans les goubernies d'Irkoutsk ou d'Enisseisk, avec réclusion de trois à quatre ans, et défense de s'en éloigner, dans les autres goubernies sibériennes pendant un temps déterminé de dix ou douze ans, ou les travaux dans les compagnies de discipline pour un temps de huit à dix ans, et la peine des verges de quatre-vingt-dix-neuf à cent coups.

2ᵐᵉ *Degré.* — La transportation pour demeurer dans les goubernies d'Irkoutsk ou d'Enisseisk, avec réclusion de deux à trois ans, et défense de s'en éloigner ; dans les autres goubernies sibériennes, pendant un temps de huit à dix ans ; ou les travaux dans des compagnies de discipline pour un temps de six à huit ans, et la peine des verges de quatre-vingts à quatre vingt-dix coups.

3ᵉ *Degré.* — La transportation pour demeurer dans les goubernies de Tomsk ou de Tobolsk avec réclusion de deux à trois ans, ou les travaux dans les compagnies de discipline de quatre à six ans, et la peine des verges de soixante-dix à quatre-vingts coups.

4e *Degré*. — La transportation pour demeurer dans les goubernies de Tomsk ou de Tobolsk, avec réclusion de un à deux ans; ou les travaux dans les compagnies de discipline de deux à quatre ans, et la peine des verges de soixante à soixante-dix coups.

5e *Degré*. — La transportation pour demeurer dans les goubernies de Tomsk ou de Tobolsk, ou les travaux dans les compagnies de discipline de un à deux ans et la peine des verges de cinquante à soixante coups.

Les transportés, conformément aux dispositions du présent article, dans les goubernies d'Irkoutsk et d'Enisseisk, pourront, après l'expiration du terme assigné par le jugement du condamné, demander la permission de se faire transporter dans les goubernies de Tomsk ou de Tobolsk.

36. Pour les habitants de Sibérie, la transportation déterminée par l'article précédent se fera de la manière suivante :

Les habitants de Tobolsk ou de Tomsk seront, eu égard à la mesure de la faute et au degré de la peine qui leur est applicable, transportés dans les lieux plus ou moins éloignés des goubernies d'Irkoutsk ou d'Enisseisk. Toutefois, les condamnés de la goubernie de Tobolsk seront toujours transportés dans la goubernie d'Enisseisk et ceux de la goubernie de Tomsk dans celle de d'Irkoutsk.

Les habitants des goubernies d'Enisseisk et d'Irkoutsk, des provinces de Zabaïkal et de Kachtinsk seront transportés dans la province de Irkoutsk.

Les habitants de la province maritime de la Sibérie orientale, seront transportés dens la province d'Irkoutsk et nommément dans les contrées occidentales les plus éloignées d'Irkoutsk (cercles de Viluisk et de Verchoïansk).

Les habitants de la province de Irkoutsk seront transportés dans les lieux de la même province, mais les plus éloignés de celui de leur premier séjour et les moins peuplés.

Les condamnés à la peine de la transportation des quatre premiers degrés, indiqués dans l'art. 35, ne pourront, pendant la durée du temps déterminée par le jugement de leur condamnation, s'éloigner de la ville, de la colonie ou du village qui leur aura été assigné pour y demeurer nommément :

Les condamnés au premier degré de cette peine, pendant un temps de quatre à cinq ans,

Les condamnés au second degré, pendant un temps de trois à quatre ans.

Les condamnés au troisième degré de la même peine, pendant un temps de deux à trois ans.

Les condamnés au quatrième degré, d'un an à deux ans.

Quant aux condamnés du cinquième degré de cette peine, il leur est seulement défendu de quitter la goubernie ou la province dans laquelle ils auront été transportés.

37. La durée de la réclusion à temps des transportés pour demeurer dans les goubernies éloignées, autres que celles de Sibérie, et pour les individus non exempts de punitions corporelles, le temps de leur réclusion dans une maison de force, sont déterminés d'après la mesure de la faute selon la gradation suivante :

1er *Degré*. — La transportation pour demeurer dans les goubernies éloignées, autres que la Sibérie, avec réclusion d'un an à deux ans, et pour les individus non exempts de punitions corporelles, la réclusion dans une maison de force de deux ans à trois ans.

2e *Degré*. — La transportation pour demeurer dans les goubernies éloignées, autres que la Sibérie, avec réclusion de six mois à un an, et pour les individus non exempts de punitions corporelles, la réclusion dans une maison de force, de un an à deux ans.

3e *Degré*. — La transportation dans les goubernies éloignées, autres que la Sibérie, avec réclusion de trois à six mois, et pour les individus non exempts de punitions corporelles, la réclusion dans une maison de force, de six mois à un an.

4e *Degré*. — La transportation pour demeurer dans les goubernies éloignées, autres que la Sibérie, et pour les individus non exempts de punitions corporelles, la réclusion dans une maison de force, de trois à six mois.

38. La durée de la réclusion à temps dans une forteresse avec perte seulement de quelques-uns des droits et priviléges particuliers, personnellement accordés au condamné ou qui lui sont attribués suivant sa condition, se déterminent d'après la mesure de la faute, selon la gradation suivante :

1er *Degré*. — La réclusion dans une forteresse, de quatre à six ans.

2e *Degré*. — La réclusion dans une forteresse, de deux à quatre ans.

39. La durée de la réclusion à temps dans une forteresse, sans

aucune limitation des droits et priviléges particuliers, se déterminent selon la mesure de la faute, d'après la gradation suivante :

1er *Degré.* — La réclusion dans une forteresse, de un an à deux ans.

2e *Degré.* — La réclusion dans une forteresse, de six mois à un an.

3e *Degré.* — La réclusion dans une forteresse, de six semaines à six mois.

40. La durée de la réclusion à temps, dans une maison de correction, avec perte seulement de quelques-uns des droits et priviléges particuliers, se déterminent d'après la mesure de la faute selon la gradation suivante :

1er *Degré.* — La réclusion dans une maison de correction de deux à trois ans.

2e *Degré.* — La réclusion dans une maison de correction, de un à deux ans.

41. La durée de la réclusion dans une maison de correction, sans aucune limitation des droits et priviléges particuliers, se détermine suivant la mesure de la faute, selon la gradation suivante :

1er *Degré.* — La réclusion dans une maison de correction, de six mois à un an.

2e *Degré.* — La réclusion dans une maison de correction, de trois à six mois.

42. La durée d'un simple emprisonnement, se détermine, aussi, suivant la mesure de la faute, de la manière suivante :

1er *Degré.* — Pour un temps d'un an à deux ans ;

2e *Degré.* — Pour un temps de six mois à un an;

3e *Degré.* — Pour un temps de trois mois à six mois.

43. La durée des arrêts à court délai, se détermine d'après la mesure de la faute, de la manière suivante :

1er. *Degré.* — Les arrêts de trois semaines à trois mois ;

2e *Degré.* — Les arrêts de sept jours à trois semaines ;

3e *Degré.* — Les arrêts de trois à sept jours ;

4e *Degré.* — Les arrêts de un jour à trois jours.

44. Les réprimandes à l'audience du tribunal, eu égard à la mesure de la faute de celui qui y aura été condamné, pourront être plus ou moins sévères ; les réprimandes très sévères se feront les portes ouvertes.

45 Les exécutions pécuniaires ou les amendes, se déterminent aussi, suivant la mesure de la faute, pour une quantité plus ou moins forte, conformément aux dispositions particulières de la loi sur chaque crime

ou délit soumis à ce genre de peine. Dans le cas d'insolvabilité du coupable, les dispositions du présent article ne porteront aucune atteinte aux droits acquis à des tiers par les contrats ou obligations formés avant la perpétration du crime ou délit.

46. Les sommes provenant du recouvrement des amendes édictées par le présent Code, dans tous les cas où ses dispositions ou autres réglements législatifs n'auraient pas spécialement indiqué la juridiction ou le lieu auxquels elles devraient être remises, formeront un fonds à part destiné à l'amélioration de l'entretien des prisons existantes et à la construction de nouvelles.

47. Par la perte des droits et priviléges particuliers, le condamné à la transportation, pour demeurer dans la Sibérie ou dans les goubernies éloignées, autres que celles de Sibérie, avec réclusion ou sans réclusion, ou aux travaux dans les compagnies de discipline, ou dans une maison de force, perd non-seulement ses titres honorifiques, sa noblesse, son rang et tous ses signes de distinction, mais aussi le droit, même après sa libération de la réclusion ou des travaux :

1º D'entrer au service de l'Etat ou d'une commune ;

2º D'être inscrit sur la liste des marchands ou d'obtenir un certificat d'aptitude pour faire le commerce ;

3º D'être témoin dans des contrats et actes quelconques, et de déposer comme témoin dans des affaires civiles, sous serment ou sans serment, sauf les cas où le tribunal aura reconnu la nécessité d'employer son témoignage ;

4º D'être nommé tiers arbitre ;

5º D'être nommé tuteur ou curateur ;

6º D'être fondé de pouvoirs de quelqu'un, dans quelques affaires que ce soit.

48. Les condamnés à la transportation pour demeurer dans la Sibérie ou autres goubernies éloignées, avec perte de tous les droits et priviléges particuliers, resteront, après libération de leur réclusion temporaire, sous la surveillance de la police locale.

4º Les condamnés aux travaux dans les compagnies de discipline, peuvent être aussi employés aux travaux de villes ou autres.

50. Les condamnés à la transportation pour demeurer dans la Sibérie ou autres goubernies éloignées, avec perte de tous les droits particuliers, ou aux travaux dans les compagnies de discipline, ou à la réclusion dans

une maison de force, conservent leurs droits de famille, et la propriété des biens précédemment acquis ; mais les nobles, privés déjà de prérogatives particulières attribuées à leur condition, ne pourront continuer de gérer leurs biens nobles, lesquels seront, dans ce cas, soumis à la gestion des bureaux administratifs des tutelles conformément aux règles prescrites par les *lois sur les conditions*. Les biens immeubles garnis de serfs qui leur seraient échus par succession depuis leur condamnation, passent également à l'administration des tutelles, conformément aux mêmes règles. La privation des droits et priviléges particuliers ne s'étend pas non plus, ni à l'époux, ni aux enfants du condamné, nés ou conçus avant sa condamnation.

51. Les transportés, pour demeurer avec perte de tous les droits et priviléges particuliers dans la Sibérie ou autres goubernies éloignées, sont obligés, après libération de leur réclusion temporaire, de choisir un genre de vie au lieu de leur domicile, en se faisant immatriculer avec permission des autorités, dans la condition de bourgeoisie ou dans d'autres conditions soumises à l'impôt, mais sans droit de participer aux élections, ni d'exercer le commerce. Ils peuvent aussi acquérir des terres pour les cultiver, sur la base des lois qui régissent les paysans de l'Etat, établis sur leurs propres terres, mais sans pouvoir s'éloigner du lieu indiqué pour leur séjour.

52. Après la libération des travaux dans les compagnies de discipline, les condamnés resteront, pendant quatre ans, sous la surveillance de la police locale, ou de leurs communautés, ou des propriétaires, s'ils veulent s'en charger. Pendant ce temps, ils ne pourront changer le lieu de leur séjour, ni s'en éloigner, sans une permission particulière, pour chaque fois, de la police, de la commune, ou des propriétaires ; il leur est absolument interdit, pendant le même temps, de séjourner dans les capitales et dans les chefs-lieux des goubernies.

53. Les condamnés à la réclusion dans une maison de force, après leur libération, seront, pour deux ans, sous la surveillance particulière de la police locale, ou de leurs communes, ou des propriétaires, s'ils désirent s'en charger ; pendant ce temps, ils ne pourront changer le lieu de leur séjour ni s'en éloigner, sans une permission particulière, pour chaque fois, de la police, de la commune, ou du propriétaire.

54. La perte de quelques-uns des droits et priviléges particuliers résultant de la condamnation à la réclusion dans une forteresse à temps, de

deux à six ans, et à la réclusion dans une maison de réclusion, de un á trois ans, consiste : *Pour les personnes de condition nobiliaire*, dans l'interdiction d'occuper aucun emploi public de l'Etat, ou de la communauté, de participer aux élections et de pouvoir être élu à aucune fonction ni être tuteur du collége de tutelle nobiliaire ;

Pour les prêtres, dans la perte de l'état ecclésiastique pour toujours ;

Pour les clercs, dans l'exclusion de la condition de gens d'église.

Pour les citoyens notables et pour les marchands, dans l'interdiction de participer aux élections de villes et d'être élus dans des fonctions de villes honorifiques ou magistrales ;

Pour les personnes de toutes autres conditions, aussi dans la perte du droit de participer aux élections et d'être élu à aucune fonction honorifique ou magistrale.

55. Après leur libération de la forteresse ou de la maison de force, lorsque la réclusion dans la forteresse ou dans la maison de force était accompagnée de la perte seulement de quelques-uns des droits et priviléges particuliers, les condamnés seront mis, pour un an, sous la surveillance de la police locale, ou de leurs communes, ou des propriétaires. Pendant ce temps, il leur est défendu de changer le lieu de leur séjour ou de s'en éloigner, sans une permission spéciale, pour chaque fois, de la police, de la commune, ou du propriétaire.

56. Les condamnés à la détention dans une forteresse seront détenus dans les bâtiments construits à cet effet dans l'intérieur de la forteresse. Ils pourront s'occuper de travaux compatibles avec leur réclusion, mais seulement sur leur propre demande.

57. Les condamnés à la réclusion dans des maisons de force ou de correction, ne seront employés qu'à des travaux prescrits par des réglements particuliers concernant ces maisons.

58. Dans le cas de condamnation des employés publics à la réclusion dans une forteresse, dans une maison de correction, ou dans une prison pour plus de six mois, tout ce temps de réclusion sera déduit du temps de leur service.

59. Les condamnés à la réclusion dans une prison, les bourgeois ou les paysans pourront, en vertu des arrêtés pris par les autorités locales, et pendant leur réclusion, être employés aux travaux communaux et autres, établis par l'administration. Les personnes de toutes autres conditions pourront s'occuper de travaux compatibles avec leur position, mais seulement sur leur propre demande ; il leur est permis de choisir, à leur gré, un

genre de travail parmi les travaux établis dans les lieux de réclusion, pour occuper ceux qui y seraient détenus. Pour les travaux de ce genre et pour ceux auxquels auraient été, d'après l'arrêté de l'autorité, employées les personnes de condition bourgeoise ou paysane, il sera payé un salaire rémunératoire conformément aux réglements particuliers etablis pour cet effet ; aussi, dans tous les cas, les sommes gagnées par les détenus ne pourront leur être remises qu'après leur libération.

60. Les condamnés aux arrêts à court délai, exempts de punitions corporelles, seront détenus dans une prison ; ceux qui n'en sont pas exempts le seront dans des lieux indiqués pour cet effet, près de la police. Parmi les condamnés, les bourgeois et les paysans pourront, en vertu des arrêtés pris par les autorités, être employés aux travaux communaux et autres établis par l'administration. Les paysans de l'Etat, condamnés aux arrêts à court délai, seront soumis et employés aux travaux d'après les arrangements pris par le tribunal rural du lieu.

61. Les nobles et les fonctionnaires publics, condamnés à la peine des arrêts à court délai, pourront, après décision du tribunal, ou de l'administration, subir ces arrêts, soit dans une prison, soit au chef-lieu de corps de garde militaire, soit à leur domicile même, ou bien encore dans une des maisons appartenant à l'administration dans lesquelles ils seraient employés.

Remarque. Dans le cas de condamnation en vertu du présent article, aux arrêts à domicile, des personnes y dénommées, lorsqu'elles n'auraient pas leur résidence dans la ville, mais simplement dans les districts, elles seront appelées dans la ville, chef-lieu de goubernie ou de district le plus voisin de leur domicile, pour y subir cette peine, soit dans leurs propres maisons si elles en ont une, soit dans une maison particulière louée à leurs frais, si elles n'y en ont pas.

62. Dans certains cas déterminés par les lois, il sera ajouté aux peines criminelles et correctionnelles la pénitence d'église, conformément aux arrêtés pris à cet égard par les autorités ecclésiastiques. La loi prononce aussi dans des cas expressément prévus par elle, la confiscation générale ou partielle des biens du condamné. De même, certaines peines correctionnelles sont accompagnées de la publication du nom du condamné par les journaux du Sénat des deux capitales et des goubernies : — de l'expulsion du condamné hors les frontières de l'Empire, s'il est étranger, — de l'interdiction de résider dans les capitales et autres lieux, même au do-

micile propre du condamné, avec établissement de tutelle sur sa personne, — du renvoi sous la surveillance de la police, — de l'interdiction d'exercer l'état ou profession dont il jouissait avant sa condamnation; — enfin, de l'obligation imposée au condamné de demander à la partie lésée le pardon en présence du tribunal ou des témoins dans la forme et les termes prescrits par le jugement.

Remarque. — Le renvoi sous la surveillance de la police, l'expulsion hors les frontières de l'Empire, l'interdiction du séjour dans les capitales et autres lieux ou dans le propre domicile du condamné avec établissement sur lui de la tutelle, les arrêts à court délai, les réprimandes, notes, reproches et les amendes pécuniaires, et pour les personnes non exemptes de punitions corporelles, les corrections légères à coups de verges (n'excédant pas quarante coups), pourront dans certains cas particuliers, être appliqués, dans l'ordre établi pour cet effet, sans la procédure formelle de la justice. La forme de la pénitence d'église et les termes de sa durée seront déterminés par les autorités spirituelles. Les déportés dans la Sibérie pour la colonisation, ou y transportés pour demeurer, s'ils ont été aussi condamnés à la pénitence d'église, subiront cette peine au lieu de leur exil, dans les termes prescrits par les autorités diocésaines du lieu.

SECTION II. — *Des réparations civiles.*

63l. Les coupables d'un crime par suite duquel ils auraient causé à quelqu'un un préjudice quelconque, sont obligés, outre la peine à laquelle ils seront condamnés, à indemniser la partie lésée sur leurs propres biens, conformément aux dispositions précises de l'arrêt de condamnation.

64. Lorsque le crime aura été commis par plus d'une personne et que les coupables principaux ne seront pas en état d'en réparer le préjudice, la somme pécuniaire due pour sa réparation sera poursuivie et exécutée sur les biens de leurs complices, et, dans le cas d'insolvabilité de ces derniers, sur les biens de ceux qui, ayant connu l'intention criminelle, n'en auront pas informé les autorités ou la personne contre laquelle le crime se tramait.

65. La poursuite et l'exécution des réparations civiles s'étendent, dans le cas de mort des auteurs ou de leurs complices, même à leurs héritiers, mais seulement jusqu'à concurrence des biens dont ils ont hérité.

66. Les coupables insolvables pourront être, s'ils ne sont pas soumis à une peine criminelle, sur la demande de la partie lésée, détenus dans la prison, conformément aux règles générales sur la contrainte par corps des débiteurs insolvables.

67. Si le coupable condamné à réparer le préjudice civil l'est aussi à payer, à titre de peine, une amende pécuniaire, à raison du même crime ou délit, et qu'il soit dans l'impossibilité d'exécuter pleinement cette double prestation, les condamnations à des réparation civiles doivent obtenir préférence sur les amendes.

68. Les règles de détail concernant l'application des principes généraux sur les indemnités dues en vertu des art. 63—67 pour le préjudice ceusé par un crime ou délit, se trouvent exposées dans le code des lois civilles.

SECTION III. — *Peines particulières pour crimes ou délits commis dans le service public.*

69. Outre les mesures générales des peines et des poursuites ci-dessus indiquées, les crimes et les délits, commis dans le service public, pourront encore être punis des peines suivantes :

1o Exclusion du service ;

2o Destitution ;

3o Réduction du temps de service ;

4o Retrait d'emploi ;

5o Substitution d'emploi ;

6o Réprimande plus ou moins sévère, avec inscription sur l'état de service ;

7o Réduction du traitement ;

8o Réprimande plus ou moins sévère sans inscription sur l'état de service ;

9. Remontrances plus ou moins sévères.

70. L'exclusion du service public prive l'exclu du droit d'occuper de nouveau un emploi quelconque au service de l'Etat, d'être électeur ou éligible aux fonctions à la nomination de la noblesse, dans les villes et les campagnes.

71. Celui qui est destitué d'une fonction publique est privé, durant trois

ans, à partir du jour de sa destitution, du droit d'entrer de nouveau au service de l'Etat ou de la commune.

72. La réduction du temps du service donnant droit à des récompenses, pensions et aux marques de distinction d'un service irréprochable, doit être limitée à l'espace d'un an.

73. La réduction du traitement s'opère au moyen de la retenue dans la caisse du Trésor de la somme due au coupable, de manière que, dans tous les cas, cette retenue ne puisse dépasser le tiers du montant de son traitement annuel.

Remarque. — Les peines et les poursuites pour crimes et délits commis au service, telles que les retenues du traitement, conformément aux articles 458, 459 et 460 du présent Code, les arrêts ne dépassant pas plus de sept jours, les observations et réprimandes, sans inscription sur l'état de service, pourront être appliqués non-seulement par les tribunaux judiciaires, mais même par simple décision des autorités administratives, desquelles relève immédiatement le coupable soumis à ces peines ou poursuites; les retrait d'emploi sans instruction formelle ni jugement, et substitution d'un emploi n'appartiennent qu'à l'autorité qui a nommé le coupable pour occuper cet emploi.

SECTION IV. — *Des remplacements de peines.*

74. Quelques-unes des peines indiquées dans ce chapitre pourront, dans les cas déterminés par la loi, être remplacées par d'autres, d'après les bases des dispositions suivantes :

Remarque. — Dans l'année 1853, pour éviter les inconvénients provenant de l'insuffisance des bâtiments de réclusion en général, et des maisons correctionnelles, en particulier, il a été provisoirement établi sur le remplacement des peines indiquées dans le chapitre II, titre Ier, et dans les articles 578, 1217, 1395, 2009 et 2149 du présent Code, des règles particulières qui sont contenues dans l'appendice au Livre II des lois criminelles.

75. La peine de mort est, dans certains cas, et en vertu d'une permission spéciale du souverain, ainsi remplacée : on fait monter le condamné à l'échafaud, on le fait coucher sur un billot, ou on le place sous la potence, sur une place publique; après quoi, s'il appartenait à la condition nobiliaire, on brise son épée au-dessus de sa tête. Cette peine

3

s'appelle *mort politique* ; elle entraîne toujours la déportation aux travaux forcés sans terme ou à temps déterminé.

76. Les travaux forcés dans les mines, sans terme ou à temps déterminé pourront, en vertu des arrêtés pris par le gouvernement, être remplacés par les travaux forcés dans des forteresses, sans terme ou pour le même temps déterminé.

77. Pour les crimes, entraînant, d'après les loïs, la condamnation aux travaux forcés dans les mines ou dans des forteresses, les femmes seront, au lieu de cette peine, condamnées aux travaux dans les établissements de l'Etat, mais avec augmentation du nombre d'années, eu égard à la nature du crime et aux circonstances qui l'auront accompagné, de manière que, pour une année de travaux forcés dans les mines ou dans des forteresses, il leur soit appliqué un an et demi de travaux dans les établissements de l'Etat.

78. Pour les individus âgés de soixante-dix ans, les travaux forcés seront remplacés par la déportation pour coloniser dans les lieux les plus éloignés de Sibérie.

79. Au lieu de la peine du knout, les coupables qui y seraient soumis, seront condamnés à celle du fouet, lorsque, en vertu de la loi ou d'une décision particulière du gouvernement, ils auront été jugés par un tribunal militaire.

80. Les personnes exemptes de punitions corporelles, au lieu de la déportation en Sibérie, pour la colonisation, seront, si, d'après leur âge et leur conformation physique, elles sont aptes au service militaire, condamnées à servir dans l'armée comme simples soldats, sans avancement ni retraite.

81. Au lieu de la déportation dans la province transcaucasienne, les coupables, soumis à cette peine, seront condamnés à servir comme simples soldats, sans avancement ni retraite dans les troupes d'un corps du Caucase, pourvu qu'ils soient reconnus aptes au service militaire, soit comme troupe de ligne, soit dans les compagnies hors-rang. Ceux d'entre eux qui, avant leur condamnation, étaient domiciliés dans le pays Transcaucasien, seront, sur la même base, envoyés dans le détachement des troupes éloignées du corps Sibérien, ou s'ils se montrent tout à fait incapables du service militaire, ils seront déportés pour coloniser dans les lieux les plus éloignés de Sibérie.

82. Au lieu de la transportation, pour demeurer dans les goubernies

éloignées autres que celles de Sibérie, avec perte de tous les droits et privilèges particuliers, les étrangers qui seraient exempts de punitions corporelles, seront expulsés des limites de l'Empire, aussi avec privation de tous les droits et privilèges particuliers qui leur auraient été conférés dans la Russie, et avec défense d'y rentrer. Les étrangers non exempts de punitions corporelles, après l'expiration du terme assigné à leurs travaux dans des maisons de force, seront aussi, au lieu d'être renvoyés sous la surveillance de la police locale, reconduits hors des frontières de l'Empire, avec défense d'y rentrer.

83. Dans les cas où le présent Code édicte la peine du service militaire dans l'armée pour infraction aux règlements relatifs aux prestations de service militaire, les coupables, s'ils ne sont pas aptes à ce service, seront envoyés dans les compagnies de discipline à temps, de dix à douze ans. Cette règle s'applique aussi aux condamnés à servir dans l'armée pour vagabondage ou pour les cas déterminés par les dispositions des art. 1395, §§ 9 et 10 et 2149 du présent Code.

84. Au lieu des travaux dans les compagnies de discipline de la juridiction civile, les condamnés à cette peine pourront, sur la demande de l'administration du génie, être envoyés dans les compagnies de discipline, dans des forteresses, avec diminution du nombre d'années des travaux fixés par le jugement, de telle manière que, pour un an de travaux dans les compagnies de discipline civiles, il leur soit appliqué dix mois de travaux dans les compagnies de discipline des forteresses.

85. Dans les lieux où les compagnies de discipline civiles ne sont pas encore organisées, les condamnés pourront, après décision des autorités compétentes, être placés soit dans les compagnies de discipline civiles les plus proches de ces lieux, soit dans les compagnies de discipline de l'administration du génie, conformément aux dispositions de l'article précédent 84. Les condamnés aux travaux dans les compagnies de discipline civiles à court délai, c'est-à-dire d'un an à deux ans ou de deux à quatre ans, pourront, dans les cas du trop grand éloignement du lieu où elles sont établies, être, au lieu de cette peine, enfermés dans des maisons de force, mais pour une durée de temps plus longue, en comptant pour chaque année de travaux dans les compagnies de discipline un an et demi dans une maison de force; ceux dont l'âge avancé, une infirmité ou toute autre cause les rendraient impropres aux travaux dans les compagnies de discipline, et les femmes seront toujours, au lieu de cette peine,

condamnés à être enfermés dans une maison de force, aussi avec prolongation du temps, suivant la règle établie ci-dessus.

86. Dans les lieux où il n'y a pas encore de maison de force, ou si dans celles qui y existent déjà, il manque d'emplacement suffisant, les condamnés seront enfermés dans un compartiment spécial construit pour cet effet dans la prison de ville et y seront employés aux travaux les plus pénibles, qui se trouvent établis dans ce lieu de réclusion. Au reste, la réclusion dans une maison de force, pourra, pour les individus non exempts de punitions corporelles, être, en vertu d'une décision du tribunal, remplacée par la peine des verges, selon l'échelle suivante :

1o La réclusion pour un temps de deux à trois ans, par la peine des verges de quatre-vingts à cent coups.

2o La réclusion pour un temps d'un à deux ans, par les verges de soixante à quatre-vingts coups.

3o La réclusion de dix mois à un an, par les verges de cinquante à soixante coups.

4o La réclusion de trois à six mois, par les verges de quarante à cinquante coups.

Remarque. — En 1854, l'Empereur a décidé que, pour diminuer le nombre des prisonniers dans les compagnies de discipline civiles, ceux d'entre eux qui auraient été condamnés à y rester plus de quatre ans, seraient envoyés dans la Sibérie orientale ou occidentale, pour y être employés aux travaux désignés par les autorités locales supérieures.

87. Lorsque le transport des condamnés à la réclusion dans des forteresses paraîtra difficile à cause des distances considérables qui les séparent de ces lieux, la réclusion dans la forteresse pourra être remplacée par celle dans une prison.

88. Dans les lieux où il n'y a pas encore de maison de correction ou si, dans celles qui existent déjà, il n'y a pas d'emplacement suffisant, la peine de la réclusion dans une maison de correction sera remplacée :

Pour les personnes exemptes de punitions corporelles, par la réclusion dans une prison pour un temps égal à celui de la réclusion dans une maison de correction;

Pour les personnes non exemptes de peines corporelles, par les coups de verge d'après l'échelle suivante :

1o La réclusion dans une maison de correction pour un temps de deux à trois ans, par la peine des verges de soixante-dix à quatre-vingts coups.

2º La réclusion de un à deux ans, par les verges de soixante à soixante-dix coups.

3º La réclusion de six mois à un an, par les verges de cinquante à soixante coups.

4º La réclusion de trois à six mois, par les verges de quarante à cinquante coups.

89. Dans les cas où la détention dans une prison pourrait causer au condamné le dérangement ou la privation des moyens nécessaires pour nourrir et entretenir sa famille, elle pourra être remplacée pour les gens non exempts de punitions corporelles, en vertu de la décision du tribunal, par celle des verges dans l'ordre suivant :

1º La détention dans une prison à temps, de un à deux ans, par la peine des verges, de cinquante à soixante coups.

2º La détention dans une prison, de six mois à un an, par les verges de quarante à cinquante coups.

3º La détention de trois à six mois, par les verges de trente à quarante coups.

90. La peine des arrêts à court délai pourra être, après décision du tribunal ou des autorités ayant le droit de les appliquer, remplacée par celle des verges, dans la proportion suivante :

1º Les arrêts à trois mois, par la peine des verges, de vingt à trente coups.

2º Les arrêts de sept jours à trois semaines, par les verges, de quinze à vingt coups.

3º Les arrêts de trois à sept jours, par les verges, de dix à quinze coups.

4º Les arrêts d'un jour à trois jours, par les verges, de trois à dix coups.

91. A la place des arrêts, les personnes non exemptes des peines corporelles, pourront aussi être condamnées à être employées aux travaux communaux ou autres établis par l'administration pendant le temps déterminé pour leur réclusion.

92. Lorsque les condamnés, non soumis aux peines criminelles, ne se trouveront pas en état de payer tout ou partie des amendes encourues par eux, ils seront, au lieu de cette peine, sauf les cas particuliers indiqués dans les titres VI, VII et VIII du présent Code, condamnés à la détention temporaire, proportionnée à la somme des amendes, dans une prison, sur les bases suivantes :

Pour les premiers vingt-cinq roubles, au paiement desquels le coupable serait soumis, il sera imputé cinquante *copéeks* pour chaque jour de détention.

Pour les sommes suivantes : au-dessus de vingt-cinq jusqu'à cinquante roubles, soixante-quinze *copéeks* par chaque jour de détention ; et pour les sommes au-dessus de cinquante roubles, un rouble par chaque jour de détention.

Au surplus, les condamnés à la prison, conformément à ces règles, ne pourront dans aucun cas y être détenus pour plus de cinq ans, pour une seule et même amende; si cependant, ces insolvables peuvent, d'après leur état et autres circonstances, être employés aux travaux communaux, le tribunal les y condamnera ; et toutes les sommes produites par leur travail seront affectées à l'acquit des amendes et indemnités pécuniaires, dues par eux.

93. Les mineurs, lorsqu'ils ne seront pas en état d'acquitter tout ou partie des condamnations pécuniaires prononcées contre eux, seront, au lieu de la détention dans une prison, conformément à l'article précité 92, condamnés à la détention moins prolongée dans la prison, ou à la peine corporelle, ou bien seulement à la réprimande, sur les bases des articles 94-96.

94. Pour les mineurs âgés de plus de quatorze ans et moins de dix-sept ans, si les condamnations pécuniaires ne dépassent pas cinq roubles, et pour ceux âgés de plus de dix-sept ans et moins de vingt-un ans, si elles ne dépassent pas trois roubles, la détention dans la prison sera remplacée par la réprimande, avec avertissement que les coupables en état de récidive du crime ou du délit entraînant les condamnations pécuniaires, seront, outre la réprimande, placés sous la surveillance de la police de trois à un an.

95. Lorsque les mineurs, à cause de leur insolvabilité, auront été condamnés à la détention dans une prison pour un crime ou délit, commis par eux une première fois, entraînant une poursuite pécuniaire de cinq ou trois roubles à vingt-cinq roubles, il sera imputé à ceux âgés de plus de quatorze ans et moins de dix-sept, un rouble, et pour ceux âgés de plus de dix-sept ans et moins de vingt-un ans, soixante-quinze *copéeks* pour chaque jour de détention. Pour les sommes suivantes, au-dessus de vingt roubles à cinquante roubles, il en sera déduit aux mineurs âgés de plus de quatorze ans et moins de dix-sept ans, trois roubles, et à ceux ayant plus de

dix-sept ans et moins de vingt-un ans, un rouble et cinquante *copéeks* pour chaque jour de détention ; et pour toutes sommes restantes, au-delà de cinquante roubles, il sera imputé aux mineurs ayant plus de quatorze ans et moins de dix-sept ans, quatre roubles ; et à ceux ayant plus de dix-sept ans et moins de vingt-un ans, deux roubles et cinquante *copéeks* pour chaque jour de détention. Dans aucun cas, pour une seule et même condamnation pécuniaire, les mineurs ayant plus de quatorze ans et moins de dix-sept ans, ne pourront être soumis à la prison pour plus de six mois, et ceux ayant plus de dix-sept ans et moins de vingt-un ans, pour plus d'un an.

96. Les mineurs non exempts de punitions corporelles, au lieu de la détention dans une prison, d'après l'article précédent, 95, seront condamnés à la peine des verges dans la proportion suivante : les mineurs âgés de quatorze ans à dix-sept ans, si la somme des condamnations est au dessus de cinq roubles, mais au-dessous de vingt roubles, seront condamnés aux verges de trois à dix coups; si la somme est au-dessus de vingt roubles, mais au-dessous de cinquante roubles, la peine sera de dix à quinze coups de verges; si la somme est supérieure à cinquante, mais moindre de cent roubles, la peine sera de quinze à vingt-cinq coups de verges; pour les mineurs ayant plus de dix-sept ans et moins de vingt et un ans, si la somme des condamnations est supérieure à trois roubles, mais moindre de vingt roubles, la peine sera de cinq à quinze coups de verges; pour une somme au-dessus de vingt roubles, mais au-dessous de cinquante roubles, — de quinze à vingt-cinq coups de verges ; pour une somme au-dessus de cinquante, mais au-dessous de cent roubles, — de vingt-cinq à trente coups de verges. Pour les condamnations pécuniaires, qui dépassent cent roubles, les mineurs coupables seront soumis aux peines des verges, savoir : ceux, ayant plus de quatorze et moins de dix-sept ans, de vingt-cinq à trente coups ; ceux ayant plus de dix-sept et moins de vingt et un ans, de trente à quarante coups.

97. Les prêtres, les clercs d'église et les moines, condamnés à une détention, si cette condamnation n'entraîne pas la perte de l'état ecclésiastique ou l'exclusion de l'emploi ecclésiastique, ne seront pas envoyés aux lieux de leur détention, mais à leurs autorités diocésaines, qui leur appliqueront les peines correctionnelles établies par les réglements qui leur sont propres. Les réprimandes et les notes seront aussi faites conformément aux réglements de ces mêmes autorités ecclésiastiques et en leur propre nom.

98. Les individus non exempts de punitions corporelles, qui sont au service public, pourront être condamnés :

1e Au lieu de l'exclusion d'un emploi, à servir dans l'armée.

2o Au lieu de la destitution ou du retrait d'emploi, à la peine des verges, de trente à quarante coups.

3o Au lieu de la réduction du temps de service ou de la diminution du traitement, à la peine des verges de dix à trente coups.

99. Les criminels atteints d'infirmités incurables, par suite desquelles ils ne pourraient, sans un péril évident pour leur vie, être soumis aux peines corporelles, sont affranchis de la peine du knout, des verges ou du fouet, et pour ceux dentr'eux qui, suivant la nature et le degré de la faute, auraient été, indépendamment de ces peines, encore soumis à d'autres, ces dernières leur seront seules appliquées ; et ceux qui n'auraient dû être soumis qu'à la seule peine corporelle, seront, au lieu de cette peine, condamnés à la réclusion dans une maison de force ou à la détention dans une prison pour un temps déterminé par le tribunal. La nature et le caractère de ces infirmités sont désignés dans un réglement particulier, approuvé par l'Empereur sur le rapport du conseil de médecine du ministère de l'intérieur. (V. Appendice 11.)

100. Les personnes exemptes de peines corporelles en vertu de dispositions particulières et non par droit de leur condition, ne seront pas soumises à la peine des verges ; mais, dans les cas déterminés par les lois, elles seront condamnées aux travaux dans les compagnies de discipline ou à la réclusion dans une maison de force, sur la même base que ceux qui ne sont pas exempts de peines corporelles.

101. Les personnes qui, d'après la loi, ne sont exemptes de punitions corporelles que pour les crimes et délits de peu de gravité, seront soumises pour ces crimes et délits, au lieu des verges, eu égard à la nature et au degré de la faute, soit à la réclusion dans une maison de correction ou dans une prison, ou aux arrêts ou à la destitution de la fonction, ou à une amende pécuniaire, sur la même base que les personnes qui, d'après eur condition, sont complétement exemptes de punitions corporelles.

CHAPITRE TROISIÈME.

De l'application des peines en matière de crimes.

SECTION I. — *De l'application des peines en général et des circonstances dans lesquelles un crime n'est pas imputable.*

I. — *De l'application des peines en général*

102. Les peines pour crimes ou délits, ne pourront être appliquées qu'en conformité exacte avec les dispositions précises de la loi.

103. La peine pour crime ou délit, et dans les cas où la loi la prononce aussi pour tentative de crime ou délit, pour les actes préparatoires d'un crime ou délit et même pour la simple résolution criminelle, ne pourra être appliquée par le tribunal que 1° quand l'existence du crime, de la tentative; des actes préparatoires ou de l'intention criminelle aura été établie par des preuves irréfragables; 2° quand l'acte commis ou conçu par la pensée devra être imputé à l'accusé ou aux accusés.

II. — *Des causes pour lesquelles un fait ne doit pas entraîner la responsabilité.*

104. Les causes pour lesquelles l'acte commis n'entraîne pas la responsabilité sont :

1° L'innocence absolue de l'action dont la suite accidentelle et imprévue aurait produit un mal.

2° Le bas âge du délinquant, dans lequel il ne peut encore avoir de notion sur la nature de l'action ;

3° La folie, l'aliénation mentale et les accès de maladies qui les produisent ou l'oblitération complète des facultés intellectuelles.

4° L'erreur accidentelle ou causée par un dol.

5° La contrainte venant d'une force majeure ;

6° La nécessité actuelle de la défense.

105 Le mal causé accidentellement et d'une manière imprévue n'est pas imputable. Si cependant, l'action dont il est résulté ce mal, était elle-même contraire aux lois, l'agent sera soumis à la peine, mais seulement pour ce qu'il avait l'intention de faire. En outre, dans certains cas déterminés par la loi, et pour apaiser la conscience, il sera soumis à la pénitence d'église.

106. Les enfants qui n'auraient pas encore atteint l'âge de sept ans, et par suite n'auraient pas encore de notion suffisante sur leurs actions, ne sont pas soumis aux peines pour crimes et délits : ils sont remis à leurs parents ou tuteurs.

107. Le crime ou délit commis par un fou ou par un aliéné ne lui est pas imputable, lorsqu'il n'y a pas de doute, que le fou ou l'aliéné d'après son état au moment de l'action n'a pu avoir de notion sur l'illégitimité de son fait ni même sur sa nature. Les fous ou les aliénés, qui auraient commis un crime ou attentat contre la vie d'autrui ou contre leurs propres jours, ou auraient tenté de commettre un incendie, devront être enfermés dans une maison d'aliénés, même dans le cas où leurs parents ou leurs proches auraient demandé à se charger de veiller sur eux, et de les guérir chez eux. L'ordre de leur réclusion dans une maison d'aliénés, et les termes de leur détention et de leur libération, sont déterminés par un réglement particulier prescrit pour cet effet (V. Append. 111).

108. Conformément aux mêmes principes, ne seront pas imputables les crimes et délits commis par les malades dans les cas prouvés d'aliénation mentale ou d'oblitération complète de l'esprit ; le malade ayant commis, en pareil accès de sa maladie, un meurtre, un attentat contre la vie d'autrui ou contre ses propres jours ou ayant tenté de commettre un incendie, sera remis à ses parents, proches ou tuteurs, ou avec leur consentement, même à des étrangers, avec obligation d'exercer sur lui, durant sa maladie et sa cure, une surveillance active et incessante en empêchant toutes les suites de ces cas d'aliénation, mauvaises ou dangereuses, soit pour autrui, soit pour lui-même. Mais si les parents du malade, ses proches, tuteurs ou étrangers, qui avaient demandé à se charger de sa cure ne se montrent pas suffisamment bien intentionnés et qu'il n'y ait même pas lieu d'espérer d'eux l'accomplissement strict de l'obligation à eux imposée, le malade sujet aux cas d'aliénation mentale, sera, pour sa cure et sa surveillance, placé dans un hôpital, où il restera jusqu'à sa guérison complète.

109. Les dispositions de l'article précédent, 108, sur l'imputabilité des crimes et délits, commis dans l'accès de maladie, accompagnée d'aliénation mentale ou d'oblitération complète de la mémoire , s'étendent aussi à ceux qui ont perdu leurs facultés intellectuelles et le discernement, par suite de vieillesse ou d'infirmités et aux somnambules qui, dans l'accès de leur dérangement nerveux, agissent sans avoir la conscience de ce qu'il s font. Ils seront confiés aussi aux soins de leurs proches parents, ou, avec le consentement de ces derniers, à des étrangers, ou bien ils seront placés dans l'un des établissements de charité publique, pour y être soignés et surveillés avec vigilance active et incessante.

110. Les sourds-muets de naissance et ceux qui ont perdu l'ouïe et la parole dès leur enfance , lorsqu'il sera constant qu'ils n'ont reçu , ni par l'éducation , ni par le commerce des hommes , aucune notion de leurs devoirs et de la loi, ne seront pas non plus soumis aux peines pour crimes ou délits ; mais dans les cas où ils auraient commis un meurtre ou attentat contre la vie d'autrui ou contre leurs propres jours , ou auraient tenté de commettre un incendie , il sera pris des mesures, telles qu'il appartiendra, pour les faire enfermer dans un local séparé des autres qui y seraient détenus, et ils y seront soumis à une surveillance rigoureuse.

111. Celui qui aura commis un acte contraire à la loi , uniquement par suite de l'ignorance absolue , provenant de l'erreur ou du dol , des circonstances qui ont fait dégénérer son action en crime ou délit , ne sera pas considéré comme coupable de cet acte. Toutefois , il pourra , dans certains cas déterminés par la loi, être astreint à la pénitence religieuse.

112. Celui qui aura commis un acte contraire à la loi par suite de la contrainte d'une force majeure, et seulement pour éviter le péril qui menaçait immédiatement sa vie, péril qu'il n'a pu repousser par d'autres moyens, ne sera pas réputé coupable de cet acte.

113. En cas de nécessité de légitime défense, l'emploi de la force et de toutes autres mesures pour repousser l'agression ; de même les blessures, mutilations et la mort, donnée à ce moment même à l'agresseur, ne seront pas imputables, lorsque cette agression, dans l'impossibilité d'invoquer la protection des autorités, exposait effectivement à un péril imminent la vie ; la santé ou la liberté de celui qui la repoussait ; ou bien lorsqu'elle a été commise par un voleur ou un brigand , ou si l'agresseur s'était avec violence introduit dans le domicile de celui qui se défendait. La nécessité de la légitime défense est aussi reconnue dans le cas où

le criminel , saisi en flagrant délit d'enlèvement ou de destruction d'un bien quelconque, chercherait à résister par la force à son appréhension, ou à la cessation de l'enlèvement ou de la destruction qu'il aurait commencé à faire. Néanmoins , il est établi comme règle générale : 1° Que dans tous les cas , celui qui se serait ainsi défendu , est tenu de faire connaître sur-le-champ toutes les circonstances et les suites de sa légitime défense à ses voisins, et à la première occasion de possibilité, aux autorités les plus proches ; 2° que tout mal inutile causé à l'agresseur, après que le péril dont il menaçait aurait déjà cessé, est considéré comme défense abusive ; et le coupable de cet abus devra être soumis à une peine qui sera déterminée suivant la mesure du préjudice causé, la nature du mobile qui l'y poussait et d'après les autres circonstances du fait.

114. La nécessité de la légitime défense est aussi reconnue pour la femme dans le cas d'attentat avec violence contre sa chasteté ou son honneur.

115. Dans tous les cas ci-dessus indiqués , art. 113 et 114 , l'emploi des mesures de légitime défense est permis, non-seulement pour la défense de sa propre sûreté, mais encore pour celle des autres personnes se trouvant dans la même position.

Section II. — *De la mesure des peines.*

116. La mesure de la peine établie par la loi pour un crime ou un délit se détermine :

1° D'après la mesure plus ou moins grande de l'intention criminelle ;

2° D'après la mesure plus ou moins grande de la proximité du crime à son exécution ;

3° D'après la mesure de la part prise par le délinquant dans l'exécution du crime ou sa tentative ;

4° Enfin , d'après les circonstances particulières qui ont accompagné l'exécution du crime ou sa tentative.

§ 1. — *Des peines selon la mesure plus ou moins grande de l'intention criminelle.*

117. Pour un crime commis avec préméditation, la peine établie par

la loi sera toujours appliquée dans sa plus haute mesure, sauf les cas
où la loi détermine des peines spéciales et des degrés différents , soit
pour les cas de crimes commis avec préméditation ou sans préméditation.

118. Pour un crime commis dans l'état d'ivresse , lorsqu'il aura été
prouvé que le coupable s'y était mis à dessein de le commettre , la peine
sera aussi appliquée dans son degré le plus élevé. Si, au contraire, il est
prouvé que l'accusé n'a pas eu cette intention, la mesure de la peine sera
déterminée suivant les circonstances.

119. Celui qui aura commis un crime , quoique sans préméditation ,
mais pour la troisième fois , sera puni aussi sévèrement que s'il l'eût
commis avec préméditation une première fois.

120. Si, suivant les circonstances, l'inculpé a pu et dû prévoir les
conséquences ; non-seulement d'un , mais de plusieurs crimes de gravités
différentes, alors, quoiqu'il n'eût pas l'intention directe d'exécuter le plus
grave de ces crimes, la mesure de la peine à lui appliquer sera toujours
celle assignée pour le crime le plus grave.

121. Si l'inculpé, lors de l'exécution du crime, a, en même temps ,
quoique sans intention de le faire, commis un autre crime plus grave ,
la mesure de sa peine sera déterminée d'après les règles sur le concours
des crimes (165), sauf les cas dans lesquels les lois édictent expressément pour ce crime une autre peine plus grave.

122. La sévérité de la peine déterminée par la loi pour crime commis
sans intention, s'aggrave quand le délinquant, d'après sa vocation et
les circonstances, était obligé d'agir avec une circonspection exception-
nelle ; cette sévérité diminue si l'action de l'inculpé n'étant pas, d'après
sa nature, contraire à la loi, a néanmoins produit des suites préjudiciables qui n'ont pu être facilement prévues par lui ; ou bien lorsque son
crime n'a été que le résultat de l'excès de zèle qu'il a mis dans l'accomplissement de ses devoirs. Mais lorsque l'imprudence de son action ,
qui a causé un mal, sera justifiée par les circonstances d'après lesquelles
on n'a pu, d'aucune manière , s'attendre à ses conséquences préjudiciables
ni les prévoir, il ne sera fait au coupable qu'une remontrance appropriée
au cas de cette imprudence.

§ 2. — *Des peines selon la mesure de la tentative du crime.*

123. Quiconque aura manifesté par paroles ou par écrit, ou fait con-

naître de toute autre manière le dessein de commettre un crime, sera puni comme coupable de résolution criminelle. Les cas dans lesquels la résolution seule devra être punie, eu égard à la nature et à la gravité du crime, sont expressément déterminés par les lois.

124. Le coupable d'actes préparatoires pour arriver à l'exécution du crime, sera soumis à la peine, en observant, premièrement, si les moyens employés par lui étaient en eux-mêmes contraires à la loi; secondement, si l'emploi même de ces moyens présentait un péril, soit pour une ou plusieurs personnes, soit pour la société entière. La peine, pour préparation seule au crime, sans ces circonstances aggravantes, ne sera appliquée que dans les cas particuliers expressément déterminés par la loi.

125. Lorsque celui qui aura fait des actes préparatoires, ou même une tentative pour commettre un crime, s'y sera arrêté, et n'aura pas, par sa propre volonté, mis à exécution sa résolution, il ne sera soumis à la peine que dans les cas où l'acte commis par lui, lors des préparatifs ou de la tentative du crime qu'il avait d'abord résolu de commettre, aurait constitué par lui-même un crime, et seulement pour ce crime, et non pour celui qu'il avait directement prémédité.

126. La mesure de la peine pour la tentative de crime, lorsqu'elle n'aura été suspendue que par des circonstances indépendantes de la volonté de son auteur, sera appliquée selon le plus ou moins de proximité de l'acte à son exécution, d'un ou de deux degrés au-dessous de la peine établie pour l'exécution même du crime.

127. Lorsque le coupable, lors de la tentative de crime, aura fait tout ce qu'il a cru nécessaire de faire pour mettre son dessein à exécution, et que, néanmoins, par des circonstances particulières et imprévues, le mal prémédité a manqué de se réaliser, il sera puni aussi sévèrement que s'il eût pleinement consommé le crime.

128. Celui qui, lors de la tentative de crime, aura commis un autre crime, sera puni suivant les règles sur le concours des crimes (165), excepté les cas particuliers dans lesquels les lois ont prescrit des peines plus sévères.

§ 3. — *Des peines selon la mesure de la part prise au crime.*

129. Pour un crime commis par plusieurs individus, sans concert préa-

lable, les auteurs et chefs seront condamnés à la peine établie par la loi, dans sa mesure la plus haute ; la peine des participants au même crime leur sera appliquée, selon la mesure de leur coopération, d'un ou de deux degrés au-dessous de la peine à laquelle seraient condamnés les auteurs.

130. Pour un crime commis par plusieurs individus après un concert préalable, les auteurs, dans les cas où les lois n'auraient pas expressément prévu un genre ou un degré de peine particulier, seront condamnés dans la mesure la plus élevée du degré de la peine établie généralement pour ce crime, alors même qu'ils n'auraient pas été présents à l'action criminelle. La sévérité de la peine des auteurs diminue d'un degré, s'ils ont renoncé à mettre à exécution leur dessein arrêté, mais n'ont pas cependant pris des mesures pour en prévenir l'exécution et n'ont pas informé les autorités du crime projeté.

131. Tous les complices d'un crime commis après un concert préalable, seront soumis à la même peine que la loi a établie pour ce crime; mais la mesure en sera déterminée selon celle de leur coopération avec les auteurs, soit dans la préparation du crime et dans l'action d'y entraîner les autres, soit dans sa consommation même. Ceux d'entre eux qui ne se seraient pas trouvés au lieu de l'exécution, même fortuitement et par des circonstances indépendantes de leur volonté, seront condamnés à la peine d'un degré plus bas comparativement à ceux qui y étaient présents et ont pris part à l'exécution; et ceux qui auront volontairement renoncé à prendre part au crime, mais qui n'auraient pas dénoncé à temps aux autorités les projets tramés, seront condamnés à la même peine, mais de deux degrés, ou même, si quelques circonstances particulières les ont empêchés de faire cette dénonciation, de trois degrés plus bas que celle applicable à ceux qui ont participé à la consommation du crime.

132. Les instigateurs ou les excitateurs seront condamnés, même dans les cas où ils ne seraient pas compris au nombre des auteurs, dans la mesure la plus haute de la peine déterminée pour le crime auquel ils auraient excité ou invité. Si, cependant, ils ont cherché dans la suite à arrêter la mise à exécution du dessein criminel, mais n'en ont pas à temps informé les autorités, ils seront soumis à la peine d'un degré plus bas.

133. Ceux d'entre les auxiliaires ou aides d'un crime dont la coopération était indispensable pour son exécution, seront condamnés aux mêmes peines que ceux qui l'ont exécuté; et tous les autres, à la peine d'un degré plus bas. Ceux qui, ayant promis leur aide à la perpétration

d'un crime, l'auraient ensuite refusée, et n'en auraient cependant pas donné connaissance aux autorités, seront soumis aux peines déterminées par la loi pour défaut de dénonciation d'une intention criminelle.

134. Si tous les coupables, ayant d'un commun accord, résolu de commettre un crime, y ont ensuite, avant toute tentative, renoncé de leur propre gré, et que le crime n'eût pas été du nombre de ceux dont l'intention seule est punie par la loi, ils seront affranchis de toute peine; toutefois, ils pourront être, suivant les circonstances, soumis, pendant un temps déterminé, plus ou moins long, à la surveillance de la police.

135. Quiconque des participants au crime, aura, lors de sa perpétration, commis un autre crime, pour lequel il n'y aurait pas entre lui et ses autres complices, de concert arrêté à l'avance, sera soumis à la peine selon les règles sur le concours des crimes (art. 165) ; sur la même base, sera determinée la mesure de la peine, même contre ceux de ses complices qui, outre le crime directement arrêté, auraient pris part à la perpétration de cet autre crime, ou n'en auraient pas sciemment empêché l'exécution.

136. Les recéleurs seront condamnés à la peine applicable aux auxiliaires ou aides du crime, desquels la coopération n'était pas indispensable pour son exécution (art. 133), mais seulement d'un degré plus bas.

137. Seront aussi soumis aux mêmes peines que les recéleurs, les coupables d'inertie, et ceux qui, sachant qu'un crime se tramait et ayant la possibilité de le porter à la connaissance des autorités ou des personnes qu'il menaçait, n'auront pas rempli ce devoir. En sont exceptés les cas dans lesquels la loi statue expressément des peines plus sévères pour défaut de dénonciation de l'intention criminelle.

138. Les coupables d'avoir négligé de dénoncer un crime déjà commis, seront condamnés, eu égard à la gravité du fait et aux circonstances, à la reclusion dans une forteresse, pour un temps plus ou moins long, avec restriction de quelques-uns des droits et priviléges particuliers, sur la base de l'art. 54, ou à la détention dans une prison, ou aux arrêts plus ou moins prolongés, ou enfin seulement à la réprimande, remontrance, ou à une amende pécuniaire.

139. Ceux qui, sachant que l'accusation d'un crime tombait sur un innocent, n'en n'auraient pas fait connaître le vrai coupable, seront condamnés à la peine d'un dégré plus élevé, que ceux qui, simplement, n'auraient pas dénoncé les coupables du même crime.

140. Ne seront pas soumis au peines pour défaut de dénonciation : les enfants contre leurs parents, et en général contre leurs ascendants dans la ligne directe ; les père et mère contre leurs enfants ou autres descendants dans la même ligne ; ni le conjoint contre son conjoint : ni les frère et sœur contre leurs frère et sœur. Ces peines pourront être diminuées en connaissance de cause par le tribunal, et même dans les cas où le coupable, lui-même, ne serait pas soumis à la peine de mort ou à la déportation aux travaux forcés, entièrement remises, si celui qui n'a pas dénoncé, se trouvait avec le criminel dans les liens proches de parenté, jusqu'au deuxième degré inclusivement, ou s'il a reçu de ce dernier l'éducation, ou a été, de toute autre manières, honoré d'un bienfait par lui. Sur la même base, pourra être diminuée, mais seulement dans une mesure moindre, la peine pour défaut de dénonciation de l'intention criminelle. Pourront aussi, et dans la même mesure, être diminuées ou même entièrement remises, les peines portées contre les recéleurs, si les coupables de recel n'ont pas été complices du crime et que ce soit seulement après sa perpétration qu'ils aient caché le criminel, se trouvant avec eux dans les liens conjugaux, de proche parenté, d'alliance, ou qui a été leur bienfaiteur. Les dispositions de cet acticle ne s'étendent pas aux coupables du défaut de révélation, ou de recel en matière de crimes d'Etat, indiqués par les art. 275, 278, 283 et 287 du présent Code.

§ 4. — *Des circonstances aggravant la culpabilité et la peine.*

141. La culpabilité du criminel et la peine qui en est la suite s'aggravent dans la mesure suivante :

1º En raison de l'intensité d'intention ou de préméditation dans les actes du criminel.

2º En raison de l'élévation de sa condition, de son état ou du degré de son éducation.

3º En raison de la perversité et de l'immoralité du mobile qui l'a poussé au crime.

4º En raison du nombre de personnes qu'il a entraînées à y participer.

5º En raison des efforts qu'il a employés pour écarter les obstacles qui s'y opposaient.

4

6º En raison du nombre des atteintes qu'il a portées aux devoirs particuliers, soit par rapport au lieu où il avait commis le crime, ou aux personnes contre lesquelles il l'avait perpétré.

7º En raison de la cruauté, de l'horreur ou de l'immoralité des actes par lesquels il avait préparé, mis à exécution ou dont il avait accompagné le crime ;

8º En raison de la gravité du péril dont ce crime menaçait une ou plusieurs personnes ou la société entière.

9º En raison de la gravité du mal ou du préjudice causé par ce crime.

10º En raison de la mauvaise foi ou de l'obstination qu'il a montrées dans l'instruction ou lors du jugement, dans ses dénégations, surtout s'il a cherché à faire tomber le soupçon du crime sur des innocents, ou même s'il les a directement calomniés.

142. Les cas dans lesquels le tribunal, sans se borner à appliquer l'aggravation de la mesure de la peine, pour l'une ou plusieurs circonstances énumérées dans l'article précédent, pourra aussi l'élever d'un ou de plusieurs degrés, ou même condamner le coupable à un autre genre de peine plus forte, sont déterminés par des dispositions expresses de la loi sur chaque crime en particulier.

143. Au nombre des circonstances aggravant la culpabilité et la peine, se trouve comprise aussi la récidive du même crime ou d'un autre, commis après le jugement de condamnation, portant une peine pour le précédent, de même la rechute dans un nouveau crime, après que le précédent aurait été pardonné au coupable, soit en vertu d'un manifeste souverain d'amnistie générale, soit par la grâce particulière émanée du monarque.

144. Dans les cas où la loi n'aurait pas indiqué d'une manière expresse une peine particulière pour la récidive du même crime, le tribunal appliquera toujours, pour la récidive, dans la mesure la plus haute, la peine déterminée pour ce crime.

145. Pour un nouveau crime, commis avant ou pendant le jugement du premier, le coupable sera soumis aux peines établies selon les règles sur le concours des crimes (art. 165).

§ 5. — *Des circonstances qui diminuent la culpabilité et la peine.*

146. Les circonstances qui diminuent plus ou moins la culpabilité et par conséquent la sévérité de la peine, sont les suivantes :

1° Lorsque le coupable se sera volontairement, et avant qu'un soupçon quelconque ne fût tombé sur lui, présenté à la justice ou aux autorités, et s'y sera pleinement, sincèrement et avec repentir, reconnu l'auteur du crime commis ;

2° Même après que des soupçons auraient déjà commencé de planer sur lui, s'il a, de suite, sans obstination et à la première information des magistrats instructeurs, fait avec repentir aveu complet de son crime ;

3° S'il a, sans retard, à temps et aussi avec pleine franchise, désigné tous les complices de son crime ;

4° S'il a commis le crime par étourderie, faiblesse d'esprit, stupidité ou par une extrême ignorance dont les autres se sont servis pour l'entraîner à commettre ce crime.

5° S'il a commis le crime par suite des provocations violentes, des outrages, insultes ou autres procédés provenant de celui à qui il a causé ou tenté de causer un mal ;

6° S'il a été entraîné au crime par des instigations, commandements ou par des exemples insensés des personnes qui, d'après la nature ou la loi, avaient sur lui un ascendant et un pouvoir supérieur ;

7° S'il a commis un crime uniquement à cause de l'extrême nécessité où il se trouvait et d'un défaut absolu de moyens de subvenir à sa subsistance par le travail.

8° Si lors de l'exécution du crime il en a senti le repentir ou s'il a eu compassion de ses victimes, et si, par suite de ce mouvement, il s'est arrêté dans la consommation de son crime et n'a pas entièrement achevé le mal qu'il avait prémédité et, surtout, lorsqu'il a même empêché ses complices d'y donner suite.

9° Si, après la consommation du crime, il a cherché au moins à en prévenir quelques-unes des suites préjudiciables ; s'il s'est efforcé de réparer le mal ou le dommage qu'il avait causé.

147. D'après une ou plusieurs des circonstances, indiquées dans l'article précédent, le tribunal pourra, après les avoir confrontées avec d'autres qui auraient pu accompagner le même crime, diminuer plus ou moins la mesure de la peine qui lui appartient, mais seulement dans la mesure désignée par la loi.

148. Sont aussi considérés comme circonstances atténuantes de la culpabilité de la peine, le bas-âge et la minorité de l'inculpé.

149. Les enfants âgés de plus de sept ans et moins de dix ans, qui

n'ont pas encore le discernement nécessaire de leurs devoirs , ne sont pas soumis aux peines déterminées par la loi ; mais ils seront remis à leurs père ou mère , ou à leurs autres parents , bien intentionnés, ou à leur curé ou autre prêtre , pour être corrigés et élevés sous une discipline sévère. Cette disposition s'appliquera aussi aux enfants âgés de dix à quatorze ans, lorsqu'il aura été reconnu qu'ils ont agi sans discernement.

150. La peine à appliquer aux enfants âgés de dix à quatorze ans , convaincus d'un crime commis avec discernement , sera réglée d'après les bases suivantes :

1º Pour tous les crimes entraînant la perte de tous les droits , le châtiment corporel par les bourreaux et la déportation aux travaux forcés , ils seront , après la perte de leur état civil , déportés en Sibérie pour colonisation sans punition corporelle, à quelques conditions qu'ils eussent précédemment appartenu ;

2º Pour les crimes emportant la privation de tous les droits , le châtiment corporel par les bourreaux et la déportation pour coloniser, ils seront condamnés à la réclusion dans un monastère; si, dans les lieux habités par eux ou dans ceux qui ne seraient pas trop éloignés de leur domicile, il en existe un de leur confession, ou, dans le cas contraire, dans un appartement d'une maison de correction, mais séparément des autres, qui y seraient détenus ; pour un temps de cinq à huit ans, aussi sans punition corporelle, et sans distinction de leur condition antérieure à la condamnation;

3º Pour les crimes moins graves , entraînant seulement la perte de tous les droits et priviléges particuliers , et la transportation à demeurer dans la Sibérie ou autres goubernies éloignées , ou l'envoi dans les compagnies de discipline de l'administration civile , ou la réclusion dans des maisons de force , ils seront condamnés à la détention pour un temps de deux mois à un an dans un monastère ou dans une maison de correction , conformément à ce qui vient d'être dit plus haut, § 2 de cet article;

4º Pour les crimes qui , d'après la loi , n'entraînent que la réclusion dans une maison de correction, ou une autre peine encore moins sévère , ils seront soumis à la peine de correction domestique , d'après les arrangements faits par leurs parents ou leurs tuteurs.

151. Les mineurs âgés de plus de quatorze et moins de vingt et un ans, pour un crime entraînant la privation de l'état civil , seront soumis aux mêmes peines que les majeurs eux-mêmes, avec cette différence seulement que les peines corporelles de ceux qui n'en sont pas exempts seront

infligées non par les bourreaux, mais par les agents de police, non avec des knouts, mais avec des verges ; et que le temps des travaux auxquels ils auront été condamnés, sera abrégé d'un tiers ; et pour les cas dans lesquels ils auraient dû être condamnés aux travaux forcés dans les mines sans terme, ils seront condamnés aux travaux forcés dans les mines pour vingt ans.

152. Pour les crimes moins graves, que la loi punit de la privation de tous les droits et priviléges particuliers, de la déportation à demeurer dans la Sibérie ou autres goubernies éloignées, ou de l'envoi aux travaux dans les compagnies de discipline, les mineurs de quatorze à vingt et un ans seront, sans la privation de ces droits, envoyés au service militaire comme simples soldats, avec avancement, ou dans le cas de leur inaptitude au service militaire régulier, ils seront placés comme écrivains dans les bureaux d'administration militaire, aussi avec avancement et retraite.

Les mineurs de quatorze à vingt et un ans, non exempts par la loi des punitions corporelles, pour des crimes et délits, qui, d'après le droit commun, entraînent la privation de tous les droits et priviléges particuliers et la réclusion dans une maison de force, seront soumis, sans la privation de ces droits et priviléges, au châtiment des verges dans la mesure diminuée d'un ou de deux degrés de la peine déterminée par l'art. 86, selon l'appréciation du tribunal.

Pour tous les autres crimes et délits, les mineurs âgés de plus de quatorze et de moins de vingt ans, seront condamnés aux peines établies par la loi, diminuées d'un ou même de deux degrés, selon que le tribunal l'aura jugé.

Remarque. — Les mineurs de quatorze à vingt ans, du sexe masculin, domiciliés dans la province transcaucasienne, seront, au lieu de leur envoi au service militaire, déterminé par le § 2 de l'article 152, condamnés sans privation de leurs droits et priviléges particuliers, aux peines établies par la loi contre les majeurs, mais diminuées d'un degré, ou sur l'appréciation du tribunal, de deux degrés. A ceux d'entre eux qui auront été déportés en Sibérie pour y séjourner, il est permis de quitter les lieux qui leur étaient assignés, pour se rendre dans d'autres lieux, dans les termes et délais suivants : Aux déportés dans les gouvernies d'Irkoutsk et d'Enisselsk, en vertu du deuxième degré de l'art. 35, après douze ans de séjour dans ces goubernies ; aux déportés d'après le troisième degré du même article, dans les goubernies de Tomsk ou de Tobolsk, après dix ans ; aux déportés dans les mêmes goubernies d'après le quatrième degré, après huit ans ; aux déportés d'après le cinquième degré, après quatre ans. Ces délais pour les mineurs déportés à demeurer dans les goubernies éloignées autres que celles de Sibérie, seront, pour les déportés, en vertu du premier degré de l'art. 37, six ans ; pour les déportés d'après le second degré, cinq ans ; pour les déportés d'après le troisième degré, quatre ans ; pour les déportés d'après le quatrième degré, deux ans après leur séjour dans les goubernies indiquées. Les mineurs, du sexe masculin, âgés de moins de 17 ans, qui auraient été envoyés dans les compagnies de discipline, n'y seront pas employés aux travaux lourds ordinaires, mais ils s'occuperont seulement à apprendre un état ou un métier qui y serait établi pour cet effet.

153. Abrogé, loi du 22 mars 1860).

154. (Modifié, loi du 22 mars 1860). Les mineurs qui n'auraient pas encore atteint l'âge de dix-sept ans ou qui, par suite de mutilations ou autres causes, ne pourraient pas être employés aux travaux des champs ou autres, et ceux aussi, dont la transportation dans la Sibérie ou dans d'autres goubernies éloignées, ou leur établissement dans ces lieux, auront été, d'après l'état de leurs forces et leur santé, reconnus impraticables, seront placés dans un hôpital, près les bureaux d'inspection communale, ou à défaut d'emplacement suffisant dans ces établissements de bienfaisance, ils seront, en attendant l'ouverture d'une place libre, détenus dans une prison jusqu'à ce qu'ils aient atteint l'âge de 17 ans et que l'état de leur santé et de leurs forces leur permette de se rendre aux lieux de leur destination.

155. (Modifié ainsi par la loi du 31 mars 1858). Si les femmes mineures, déportées pour demeurer dans la Sibérie, après avoir atteint l'âge légal, viennent, pendant leur déportation, à se marier avec des hommes de condition libre et non obligés à rester dans la Sibérie, il ne leur sera permis de quitter les lieux assignés à leur demeure pour se rendre dans d'autres lieux autrement qu'en compagnie de leurs maris, et après les délais suivants : à celles déportées dans les goubernies d'Irkoutsk et d'Enisseisk, en vertu du second degré de l'art. 35 du présent Code, après douze ans de leur demeure dans les goubernies ; aux déportées du troisième degré dans les goubernies de Tomsk et de Tobolsk ; après dix ans ; aux déportées du quatrième degré, dans ces mêmes goubernies, après huit ans ; et aux déportées, dans ces mêmes lieux, pour le cin-

quième degré, après quatre ans. Ces délais, pour les femmes mineures déportées, pour demeurer dans les goubernies éloignées, autres que la Sibérie, si elles contractent mariage avec des hommes de condition libre et non obligés d'y demeurer, sont déterminés, en observant toutefois la condition ci-dessus indiquée, savoir : qu'elles ne pourront quitter les lieux à elles assignés, qu'avec leurs maris ; pour les déportées, en exécution du premier degré de l'art. 37 du présent Code, après six ans; pour les déportées d'après le second degré, après cinq ans ; pour les déportées du troisième, après quatre ans, et pour les déportées du quatrième degré, après deux ans de leur séjour dans les goubernies éloignées.

156. Lorsqu'il sera prouvé que le mineur a été entraîné au crime par un majeur, la mesure de la peine, qui devrait lui être appliquée, pourra, d'après l'appréciation du tribunal, être diminuée de un ou de deux degrés, mais sans changement du genre de peine établie par la loi pour ce crime.

157. Pour des crimes commis par imprudence, les mineurs âgés de quatorze à vingt et un ans seront soumis à une peine correctionnelle domestique, selon les mesures prises par leurs parents ou leurs tuteurs.

158. Les mineurs, condamnés à la réclusion dans une maison de correction, dans une forteresse ou dans une prison, y seront tenus séparément des autres reclus.

159. Les enfants âgés de dix à quatorze ans, et les mineurs, qui, après le jugement de condamnation et la peine subie pour un crime, auront été itérativement convaincus du même crime ou d'un crime égal au premier ou plus grave, seront soumis pour ce nouveau crime à la même peine que celle édictée par la loi contre les majeurs ; seulement les mineurs seront affranchis de châtiments corporels, ou la mesure en sera diminuée, selon les règles ci-dessus établies par les art. 150 et 151 du présent code.

Section. III. — *De l'étendue des pouvoirs et des obligations du tribunal dans l'application des peines.*

160. Le tribunal ne pourra appliquer d'autre peine que celle que les lois ont expressément désignées pour le crime soumis au jugement de sa juridiction ; toutefois dans certains cas, la loi même lui laisse la faculté qu'il aura, eu égard aux circonstances aggravant ou diminuant plus ou moins la faute de l'accusé, d'augmenter ou de diminuer la peine qui lui est

due , sans sortir des limites posées par la loi. En outre, on observera les règles suivantes :

161. Lorsque la loi a déterminé, non-seulement le genre et le degré de la peine , mais aussi la mesure du *minimum* et du *maximum*, le tribunal est tenu, selon la gravité de la faute et les circonstances qui auront accompagné le crime, de condamner l'inculpé reconnu coupable, dans la mesure supérieure ou inférieure, indiquée par la loi ou même dans une mesure moyenne de la peine , sans en changer ni le genre et le degré. Mais, si la loi n'a déterminé que le genre et le degré, sans désigner la mesure supérieure ou inférieure de la peine , le tribunal déterminera cette mesure, sur sa propre appréciation, c'est-à-dire, d'après la gravité de la faute et les circonstances qui l'aggravent ou la diminuent, sans changer aussi ni le genre, ni le degré de la peine établie par la loi pour ce crime. Ne sont exclus de cette règle, que les cas dont il est fait mention dans les art. 166 et 167 du présent Code.

162. Lorsque, pour un crime quelconque , la loi n'a déterminé que le genre de la peine, ou qu'elle a établi pour ce crime plusieurs peines pouvant se substituer les unes aux autres, le choix de l'une de ces peines ou la détermination de son degré et de sa mesure sont laissés à l'appréciation du tribunal , qui prendra en considération la gravité de la faute, la condition de l'accusé et les circonstances qui ont accompagné son crime.

163. Lorsque, sur les bases des art. 130, 131, 132, 136 et des autres dispositions du présent Code, selon la nature de la participation au crime ou en général , selon le genre et la mesure de la culpabilité de l'accusé et les circonstances plus ou moins atténuantes, il conviendra de diminuer la peine prescrite pour ce crime ou délit d'un ou de plusieurs degrés , et que dans la peine du genre déterminé par la loi, ne se trouveront pas de degrés inférieurs, conformément à la règle établie dans les articles ci-dessus indiqués , le tribunal passera au genre de peine qui suit immédiatement le précédent et notamment : des travaux forcés, il passera à la déportation pour coloniser ; — de la déportation pour coloniser, à la transportation pour demeurer dans la Sibérie ; ou, si le coupable n'est pas exempt d'après la loi de châtiments corporels, aux travaux dans les compagnies de discipline ; — de la transportation à demeurer dans la Sibérie, il passera à la transportation à demeurer dans les autres goubernies éloignées ; ou si le coupable n'est pas exempt de punitions corporelles, des travaux dans les compagnies de discipline , à la réclusion dans une maison de force ; — de

la réclusion dans une prison, aux arrêts à court délai. Mais de la déportation dans les goubernies éloignées, à laquelle se joint la perte de tous les droits et priviléges particuliers et de la réclusion dans une maison de force, il ne pourra passer à un autre genre de peine plus légère ; il ne pourra pas non plus passer de la réclusion dans une forteresse ou dans une maison de correction à la réclusion dans une prison. Dans tous ces cas, si le tribunal estime qu'il existe des circonstances atténuantes en faveur du coupable, il le condamnera au *minimum* de la peine établie par la loi au degré le plus bas.

Lorsque, au contraire , la peine établie pour certains crimes et délits doit être renforcée d'un ou de plusieurs degrés, et que dans cette peine il n'y a plus de degré plus élevé pour satisfaire à cette règle , le tribunal observera l'ordre ci-dessus indiqué, seulement dans le sens inverse ; en passant , de la peine des arrêts à court délai , à celle de la réclusion dans une prison ; — de la peine de la transportation pour demeurer dans des goubernies éloignées, excepté la Sibérie , à celle de la transportation pour demeurer dans la Sibérie ; ou si le coupable n'est pas exempt de peines corporelles ; de la peine de réclusion dans une maison de force , à celle des travaux dans les compagnies de discipline et de la déportation en Sibérie pour colonisation , — à la déportation aux travaux forcés.

Mais le tribunal ne pourra passer de la peine de la réclusion dans une prison à celle de la réclusion dans une maison de correction ou dans une forteresse, ni de la réclusion dans une maison de correction ou dans une forteresse, à la déportation dans les goubernies éloignées, excepté la Sibérie, entraînant la perte de tous les droits et priviléges particuliers, ou à la réclusion dans une maison de force ; — ni des peines correctionnelles supérieures passer aux peines criminelles, entraînant la privation de l'état civil.

Dans tous ces cas, le tribunal , au lieu de passer à un autre genre de peines , en élèvera seulement la mesure, c'est-à-dire, en augmentera la durée prescrite par la loi pour le plus haut degré, soit de la peine des travaux dans les compagnies de discipline , soit celle de la réclusion dans une prison, dans une maison de force , dans une maison de correction ou dans une forteresse ; ou s'il s'agit de la déportation , il en augmentera d'un an , de deux ou de trois ans la durée du temps , fixé par la loi, pour le plus haut degré de cette peine; considérant en outre, s'il convient , conformément aux dispositions de la loi, d'élever d'un, de deux ou de trois degrés la peine établie par le présent Code dans sa plus haute mesure.

De ces règles sont exceptées, les affaires relatives aux crimes commis contre les père et mère ou d'autres parents dans la ligne ascendante : dans ces cas, et nommément dans ceux indiqués, 2041, 2102, 2107, 2116 du présent Code, le tribunal, en élevant les peines conformément aux règles du droit commun, condamnera les accusés aux peines portées à leur degré le plus élevé, alors même que ces peines, selon leur genre, appartiendraient elles-mêmes à la classe des peines criminelles les plus sévères.

164. S'il n'existe pas dans la loi la peine déterminée pour un fait criminel de la compétence du tribunal, dans ce cas, le tribunal appliquera au coupable l'une des peines établies pour les crimes ayant le plus d'analogie avec ce fait selon sa gravité et sa nature ; mais, sans mettre son arrêt à exécution, le tribunal en référera sur le champ, dans l'ordre établi, au Sénat dirigeant, qui statuera à cet égard.

165. Dans le cas de concours de crimes, c'est-à-dire lorsque l'accusé aura été reconnu coupable de plusieurs faits criminels commis dans le même temps ou en temps différents, non punis encore jusqu'alors, ni éteints, soit par prescription, soit par l'amnistie ou la grâce, la peine sera appliquée d'après les bases suivantes :

1º Dans le cas de concours de faits contraires aux lois et pour lesquels le coupable doit être puni de peines criminelles, le tribunal, après avoir fait, dans son arrêt, mention de toutes les peines applicables à chacune des infractions en particulier, le condamnera à la plus forte de ces peines et dans sa mesure la plus élevée.

2º Dans les cas de concours de faits contraires aux lois, et dont les uns seraient soumis à des peines criminelles, et les autres à des peines correctionnelles, le tribunal, après avoir mentionné dans son arrêt toutes les peines applicables au coupable, pour chacun de ces faits en particulier, le condamnera à la peine à laquelle il aurait été condamné, s'il n'eût été convaincu que d'un seul fait entraînant la peine criminelle.

3º Dans le cas de concours de plusieurs actes, à raison desquels le coupable devrait être, d'après la loi, soumis à des peines corectionnelles, entraînant la perte de tous les droits et priviléges particuliers, le tribunal, après avoir mentionné dans son arrêt toutes les peines applicables à chacun de ces faits en particulier, prononcera la plus forte de ces peines et dans sa mesure la plus élevée.

4º Dans le cas de concours de faits dont les uns sont punissables des peines correctionnelles, entraînant la perte de tous les droits et priviléges particuliers, et les autres, punissables de mêmes peines, mais n'entraînant à leur suite que la perte de certains droits et priviléges particuliers, ou n'entraînant aucune perte de ces droits et priviléges, le tribunal, après avoir mentionné dans son arrêt toutes les peines applicables à chacune de ces actions en particulier, condamnera le coupable à la peine à laquelle il aurait été soumis, s'il n'eût été convaincu que d'une seule action, entraînant la perte de tous ces droits et priviléges.

5º Dans le cas de concours d'actions contraires à la loi, entraînant la perte de certains droits et priviléges, le tribunal, après avoir fait mention dans son arrêt de toutes les peines applicables à chacune de ces actions, prononcera la plus forte de ces peines et dans sa mesure la plus élevée.

6º Dans le cas de concours d'actes dont les uns sont soumis aux peines entraînant la perte de certains droits et priviléges, et les autres punissables de peines qui n'entraînent aucune perte de ces droits, le tribunal, après avoir fait mention, dans son arrêt, de toutes les peines applicables à chacun de ces actes, condamnera le coupable à la peine à laquelle il serait soumis, s'il n'eût été convaincu que de l'acte entraînant la perte de certains droits et priviléges particuliers.

7º Dans le cas de concours de délits punissables des peines qui n'entraînent la perte d'aucun droit et privilége, le tribunal prononcera la plus forte de ces peines et dans sa mesure la plus élevée.

8º Dans le cas de concours de délits entraînant des peines pécuniaires, le tribunal condamnera au paiement, non pas de la somme due pour tous ces délits, mais seulement de celle due pour l'un d'eux, pour lequel la quotité en serait la plus forte.

CHAPITRE QUATRIÈME.

De l'adoucissement et de l'extinction des peines.

166. La peine établie par la loi pour crime ou délit peut être, non-seulement diminuée dans sa mesure, comme cela a été déjà dit plus haut, mais elle peut aussi être adoucie dans le degré et même dans son genre :

1º Lorsque le criminel s'étant spontanément présenté à la justice et avec repentir, ou même déjà arrêté sur le soupçon, et soumis à l'interrogatoire, aura fait non-seulement aveu plein et sincère de son crime, et indiqué tous ss complices; mais, en outre, lorsqu'en donnant à la justice, à temps, des renseignements fidèles et exacts, il aura ainsi prévenu la mise à exécution d'une intention criminelle, qui menaçait la sûreté d'un individu ou de plusieurs, de la société ou de l'Etat;

2º Lorsque le criminel, outre l'aveu spontané et complet de son crime, aura mérité quelques égards par suite de ses antécédents et de services longs et irréprochables ou par d'autres mérites et dignités particuliers;

3º Lorsque le coupable n'étant pas de la confession chrétienne, aura, lors de l'instruction du procès ou du jugement, embrassé la foi orthodoxe;

4º Enfin, lorsque le coupable d'un crime ou délit, pour lequel la loi ne punit pas de la privation de tous les droits d'état civil, aura été très longtemps soumis à la détention préventive.

167. Dans tous ces cas et autres circonstances extraordinaires qui, à cause de leur caractère particulier, méritent d'être pris en considération, les tribunaux de premier et de second degré, n'ordonneront pas l'exécution immédiate de leurs arrêts, portant des peines, mais ils les soumetront dans l'ordre établi pour cet effet, à l'examen préalable du sénat dirigeant.

168. Après l'examen de ces arrêts et de l'avis du tribunal du second degré, dans le cas où l'affaire viendrait directement du tribunal de première instance, le sénat dirigeant, après avoir délibéré sur l'adoucissement de la peine des accusés, pourra, s'il le trouve juste, et en prenant en considération les circonstances indiquées dans l'art. 166, et autres qui mériteraient les mêmes égards, intercéder auprès de l'Empereur et lui proposer, soit la diminution, soit le changement de la peine établie par la loi, tout en déterminant la mesure même de l'adoucissement proposée.

169. La peine est entièrement éteinte :

1º Par la mort du criminel;

2º Par une transaction faite avec la partie lésée;

3º Par la prescription.

170. L'arrêt de condamnation est, en ce qui concerne les peines, anéanti de plein droit par la mort du condamné; mais les actions civiles, résultant d'un crime ou délit, ainsi que celles du trésor, à l'exception des condamnations pécuniaires, prononcées à titre de peine, sont exercées sur les biens de la succession du condamné.

171. Lorsqu'un crime ou délit est de telle nature qu'il ne peut, conformément à la loi, appartenir à la juridiction et au jugement du tribunal qu'en vertu d'une plainte portée par la partie lésée ou offensée par suite de cet acte contraire à la loi, l'arrêt de condamnation portant la peine est annulé par la réconciliation de la partie lésée avec le condamné, intervenue avant l'exécution de cet arrêt. Sont exceptés de cette règle, les cas particuliers, prévus par les art. 440, 2076, 2077 — 2085, 2105, 2106, 2118, 2120 du présent Code.

172. La peine est éteinte par la prescription :

1° Pour les crimes que la loi punit de la privation de tous les droits d'état civil et de la déportation aux travaux forcés ou à la colonisation, par le laps de dix années révolues à partir du moment du crime commis, si dans cet intervalle le crime ne s'était pas ébruité, c'est-à-dire, s'il n'y avait aucun acte d'instruction ou d'information criminelle, ni dénonciation ou plainte, avis ou indication de ce crime, ou si dans le cours de la même période de dix années révolues, le coupable de ce crime n'avait pas été découvert, même lorsque dans cet espace de temps, il aurait été fait des actes d'instruction. Les cas prévus ci-dessous, indiqués par les art. 175 et 176, sont exceptés de cette règle ;

2° Pour les crimes que la loi punit de la privation de tous les droits et priviléges particuliers et de la transportation à demeurer dans la Sibérie, ou des travaux dans les compagnies de discipline, par le laps de huit ans révolus à partir du jour du crime, si dans cet intervalle il n'y avait pas eu non plus d'actes d'instruction ou d'information criminelle, dénonciation ou plainte, ou si le coupable de ce crime n'avait pas été découvert dans le même espace de temps, aussi sans avoir égard à l'instruction qui aura pu y avoir lieu.

3° Pour les crimes que la loi punit de la privation de tous les droits et priviléges particuliers et de la déportation à demeurer dans l'une des gouvernies éloignées, excepté la Sibérie, ou de la réclusion dans une maison de force, dans une maison de correction, ou dans une forteresse, avec une certaine restriction des droits ou priviléges particuliers, ou sans aucune limitation de ces droits et priviléges, par l'espace de cinq ans à compter du moment du crime commis, si le crime n'a pas été, dans cet espace de temps, ébruité, ou si, sans égard à l'instruction qui aurait été faite, le coupable n'a pas été découvert.

4° Pour les crimes et délits que la loi punit seulement de la détention dans une prison, ou des arrêts à court délai, ou d'un léger châtiment corporel à coups de verges, ou d'amendes pécuniaires, de réprimandes, notes, remontrances ou de simples observations, pour trois ans, à compter du jour du délit, sous les mêmes conditions ci-dessus indiquées.

173. Lorsque le crime ou le délit est de telle nature que le tribunal, conformément à la loi, ne peut en connaître qu'en vertu d'une plainte portée par l'individu lésé par ce crime ou délit, la peine se trouve éteinte par la prescription, lorsque la partie plaignante a délaissé l'instance de sa plainte, en discontinuant d'y donner suite pendant tout le cours du temps déterminé ci-dessus par l'art. 172, eu égard à la nature du crime ou du délit. Sont aussi exceptés de cette règle les cas prévus par les art. 440, 2076, 2083, 2085; 2105, 2106, 2118, 2120 du présent Code.

174. Les peines portées par la loi contre les complices ou les aides du crime ou délit, commis par plusieurs individus après un concert préalable, et celles portées contre les participants au crime ou délit commis par plusieurs individus sans concert préalable, ne se prescrivent qu'après l'expiration du délai indiqué pour la prescription de la peine contre les auteurs eux-mêmes ou contre les principaux coupables.

175 Les peines pour les crimes d'Etat désignées dans les articles 275, 278, 283 et 287 du présent Code, et celle pour meurtre commis sur le père ou sur la mère, ne se prescrivent pas. Seulement, si dans l'espace de vingt ans, qui courent à compter du jour de la perpétration du crime, il n'a été rendu public par aucun acte d'instruction ou d'information criminelle, ni par dénonciation ou plainte, ni par tous autres indices quelconques ou renseignements propres à le faire ébruiter dans le même délai, ou si, dans le même intervalle, sans égard à l'instruction qui aurait eu lieu, les coupables n'ont pu être découverts, ils seront condamnés, au lieu de la peine de mort, ou des travaux forcés, à la deportation pour coloniser aux lieux les plus éloignés de la Sibérie, sans être soumis à la peine corporelle, à quelque condition qu'ils eussent appartenu avant leur condamnation.

176. L'effet des dispositions sur la prescription des peines ne s'étend pas à la faute de ceux qui changent de foi, en passant de l'église orthodoxe à une autre confession chrétienne, quoique cette dernière jouisse en Russie du droit d'exercer librement son culte, et moins encore aux crimes de ceux qui auraient tout-à-fait abjuré la religion chrétienne; ces crimes durent sans interruption jusqu'à ce que les coupables soient rentrés dans

le giron de leur culte premier. Conformément à ces dispositions, la prescription ne s'étend pas non plus à ceux qui se seraient indûment approprié des conditions, fonctions, rangs, ordres, titres honorifiques ou des noms qui ne leur appartiennent pas.

177. La culpabilité des juges et des autres fonctionnaires publics convaincus d'avoir négligé de faire dûment exécuter des décisions et arrêts judiciaires qui ont acquis force de loi, ou de n'avoir pas pris les mesures telles que de droit pour la publication et notification de ces décisions, ou pour l'envoi des instructions et avis qui devaient les accompagner ou suivre, n'est couverte par la prescription que lorsqu'il s'est écoulé dix ans, à compter du jour auquel la décision perd sa force par défaut de son exécution.

178. Abrogé (Loi du 22 mars 1860).

179. Le droit à l'indemnité pour le préjudice causé par un crime, et la propriété des choses acquises au moyen d'un crime, est soumis aux règles exposées dans le Code Civil.

180. Dans aucun cas, il ne dépend pas des tribunaux de faire aux coupables la remise de la peine, ni de leur accorder la grâce. Ces actes émanent directement et essentiellement du pouvoir autocrate souverain, et ne peuvent être qu'un effet de la miséricorde du Monarque. La force et l'étendue de cet effet, comme une dérogation au droit commun, se déterminent par le même oukase souverain, par lequel les coupables obtiennent l'adoucissement de leur peine ou en reçoivent le pardon plein et entier.

181. Conformément à la même base, le pardon accordé dans certains cas, en vertu d'un manifeste d'amnistie générale, ne s'étend qu'aux crimes et délits qui y ont été nommément désignés.

182. L'abolition des suites des peines déjà subies par les coupables, n'aura lieu que lorsqu'elle aura été expressément déclarée, soit dans un oukase de pardon particulier, soit dans un acte d'amnistie générale. La grâce et le pardon n'éteignent pas l'action en indemnité de la partie civile pour le préjudice à elle causé par le crime ou le délit.

La pénitence religieuse à laquelle le coupable grâcié aurait été condamné cesse ou continue, selon l'appréciation des autorités spirituelles de sa confession religieuse.

CHAPITRE CINQUIÈME.

De l'étendue des effets des dispositions du présent Code.

SECTION I. — *Des effets des dispositions du présent Code concernant les sujets Russes se trouvant dans les limites de l'Empire.*

183. Sont soumis dans une égale mesure à l'action des prescriptions du présent Code tous les sujets Russes demeurant dans les limites de l'Empire. Des exceptions admises selon l'état de mœurs et la manière de vivre de certains individus nomades et qui se trouvent dans la Sibérie, dans les goubernies d'Archangelk, Astrachansk, Orembourg et de Stavropolsk, et dans le pays transcaucasien, se trouvent exposées dans un réglement particulier. (Voir l'appendice IV).

184. Les dispositions du présent Code ne s'appliqueront pas aux matières de la compétence des tribunaux ecclésiastiques, ni à celles ressortant des juridictions militaires.

SECTION. II. — *Des effets des dispositions du présent Code sur les étrangers demeurant dans les limites de l'Empire russe.*

185. Les étrangers, domiciliés en Russie ou y demeurant provisoirement, sont soumis aux mêmes peines criminelles et correctionnelles que les sujets russes, sauf les exceptions établies par des traités particuliers conclus avec les puissances étrangères dont ils seront les sujets.

186. Dans le cas d'un crime commis en Russie par des personnes faisant partie des Ambassades ou Missions ordinaires ou extraordinaires de puissances étrangères, il sera procédé par voies diplomatiques avec leur gouvernement dans l'ordre établi pour cet effet.

187. Lorsqu'un étranger et en général des individus attachés au service des Ambassadeurs, Envoyés, Ministres ou d'autres Agents diplomatiques, auront été convaincus ou soupçonnés d'un crime ou délit, leur présence pour l'instruction ou le jugement sera demandée par l'intermédiaire du Ministère des affaires étrangères.

188. Lorsqu'un étranger, convaincu ou suspecté d'avoir commis hors

es limites de l'Empire , un attentat contre les droits du pouvoir souverain en Russie ou contre ceux de l'un ou de plusieurs de ses sujets, aura été ensuite découvert et arrêté sur le territoire russe ou livré par le gouvernement du pays où le crime a été commis ou par celui dont il se trouverait être le sujet, pour être poursuivi et jugé en Russie, il sera en tout point soumis à l'action des dispositions du présent Code.

Remarque. — Les Kitaïens ayant commis un crime sur la partie limitrophe du territoire russe, seront livrés à leur gouvernement, de même que les sujets russes, pour les crimes commis par eux sur le territoire limitrophe kitaïen, seront livrés pour être jugés par le gouvernement Russe.

SECTION III. — *Des effets des dispositions du présent Code sur les sujets russes demeurant hors les limites de l'Empire.*

189. Les sujets russes, se trouvant hors les frontières de l'Empire russe, ayant commis là ou sur le territoire russe , avant leur départ à l'étranger, un attentat contre les droits du pouvoir souverain de leur patrie ou contre l'intégralité, la sécurité ou le bien-être de la Russie ou contre les droits d'un ou de plusieurs de leurs compatriotes, seront soumis à l'action des dispositions du présent Code; et, après leur extradition ou retour en Russie, ils seront, conformément à l'arrêt rendu contre eux dans l'ordre prescrit, soumis aux peines portées par ces dispositions.

190. Lorsqu'un sujet russe ayant commis dans un État étranger quelconque un crime contre le pouvoir souverain de cet État ou contre les droits d'un ou de plusieurs de ses sujets ou de ceux d'une autre puissance , aura été, pour être jugé, livré à la Russie ou y sera rentré volontairement et qu'il y aura eu des plaintes ou accusations portées contre lui, il sera aussi soumis au jugement, conformément aux dispositions du présent Code: Seulement, dans le cas où, selon les lois du pays dans lequel il avait commis le crime, il aurait dû être soumis à une peine moins sévère que celle prescrite par le présent Code , sa peine sera relativement adoucie; mais cet adoucissement ne pourra avoir lieu qu'en vertu de la décision du Sénat dirigeant , auquel seront, pour les ramener à exécution, présentés tous les jugements et arrêts de cette nature.

191. Les sujets russes, demeurant en Turquie ou en Perse , pour les attentats commis par eux dans ces pays contre les droits des sujets russes

qui s'y trouvent ou contre ceux des sujets turcs ou persans ou des autres puissances, seront, lorsque la peine ne dépassera pas celle de la détention dans une prison, jugés par l'envoyé, le ministre ou le consul russe. Mais, lorsque la peine portée par la loi pour ce crime ou délit est plus forte que celle de la détention dans une prison, l'inculpé sera, aussitôt l'instruction terminée, renvoyé avec l'affaire instruite aux autorités des goubernies limitrophes les plus proches, et ces dernières les transmettront ensuite au tribunal judiciaire compétent pour l'examen et la prononciation du jugement contre les coupables, selon la nature du crime ou délit et les dispositions du présent Code.

Remarque. — Les individus qui servent dans les troupes auxiliaires russes sur des territoires étrangers et ceux qui servent dans les troupes auxiliaires étrangères en Russie, seront soumis à l'instruction et au jugement, conformément aux lois de leurs pays, et les affaires qui les concernent seront instruites et jugées par des commissions mixtes composées dans l'ordre qu'il appartiendra par leurs gouvernements respectifs.

La poursuite de toutes les affaires entre les sujets russes et les Kitaïens sur les lieux établis pour le marché, ne pourra être faite qu'en conférant avec le consul russe ou avec une personne représentant sur les lieux l'autorité du gouvernement Russe. Dans le cas d'inculpation des sujets russes de quelques crimes et délits que ce soit, les coupables seront jugés selon les lois russes ; mais les sujets russes qui, ayant pénétré dans l'intérieur du Kitaï, y auraient commis un crime ou délit devront être reconduits, pour être jugés et punis conformément aux lois russes, à la frontière ou à l'un des ports dans lesquels se trouve un consul russe. (L. compl. du 30 septembre 1859).

Outre les dispositions contenues dans la convention complémentaire au traité de Rianzinck, conclu avec Kitaï, le 2 juillet 1859 ; relatif au jugement et à la punition des sujets russes pour les crimes commis par eux à Kitaï, il a été établi : 1° que, dans les crimes graves, tels que les meurtres, les pillages, accompagnés de blessures dangereuses, les attentats contre la vie d'autrui, les incendies et autres semblables, les coupables russes seront, après l'instruction terminée, renvoyés en Russie pour y être poursuivis et jugés conformément aux lois russes ; 2° que dans les crimes graves ou moins graves, le consul et les autorités locales peuvent prendre des mesures qu'ils jugeront nécessaires, mais seulement par rapport au sujet de leur nationalité et qu'aucun d'eux n'a le droit d'arrêter ni d'instruire et moins encore de punir le sujet qui n'appartiendrait pas à sa nationalité. (L. comp. du 2 novembre 1860).

L'instruction de toutes les affaires entre les sujets russes et japonnais sera poursuivie par le consul russe avec les autorités japonaises, et dans le cas d'inculpation pour crime ou délit, les sujets russes seront poursuivis suivant les lois russes, et les japonais, d'après les lois de leur pays. Dans les ports où il n'y a pas de consul russe, l'inculpé russe peut être arrêté par les autorités japonaises, mais dans ce cas elles doivent en donner avis au consul russe d'un des ports les plus plus voisins, afin qu'il prenne des mesures telles qu'il appartiendra. (L. compl. du 17 février 1859).

TITRE II·

Des attentats contre la foi et de la violation des réglements qui la protégent.

CHAPITRE PREMIER.

Du blasphème et des outrages contre la foi.

192. Quiconque osera publiquement, dans l'église, proférer avec intention un blasphème contre Dieu, adoré dans sa Trinité consubstantielle, ou contre la sainte Vierge immaculée, Marie, Notre-Dame, ou contre la sainte Croix de Notre-Seigneur Dieu et Sauveur Jésus-Christ, ou contre les vertus spirituelles, ou contre les saints et leurs images, sera condamné à la privation de son état civil et à la déportation, aux travaux forcés dans les mines, pour un temps de douze à quinze ans. Et s'il n'est pas, d'après la loi, exempt de punitions corporelles, il sera en outre soumis à la peine du knout, par les bourreaux dans la mesure déterminée par l'art. 21 du présent Code pour le troisième degré de la peine de ce genre, avec application de l'empreinte du fer rouge.

Lorsque ce crime aura été commis en dehors de l'église, mais dans un lieu public, ou dans une réunion de personnes plus ou moins nombreuses, le coupable sera condamné à la privation de son état civil et à la déportation aux travaux forcés dans les fabriques de l'Etat, pour un temps de six à huit ans; et s'il n'est pas exempt de peines corporelles, et à la peine du knout par les bourreaux, dans la mesure déterminée par l'art. 21, pour le sixième degré de cette peine, avec application de l'empreinte du fer rouge.

193. Celui qui aura commis le crime indiqué dans l'article précédent, quoique non publiquement, ni dans une assemblée nombreuse d'hommes, mais cependant en présence de témoins, avec intention d'ébranler leur foi ou de faire exciter du scandale, sera condamné à la déportation pour coloniser dans les lieux les plus lointains de la Sibérie, et s'il n'est pas exempt de punitions corporelles, et à la peine du knout, par les bour-reaux, dans la mesure déterminée par l'art. 22 du présent Code, pour le premier degré de la peine de ce genre.

194. Quiconque osera dans un lieu public ou dans une réunion plus ou moins nombreuse de personnes, outrager avec intention la foi chré-tienne ou l'Eglise orthodoxe ou se permettra d'injurier les saintes Ecri-tures, ou les saints mystères, sera condamné à la privation de son état civil, et à la déportation aux travaux forcés dans des établissements de l'Etat, pour un temps de six à huit ans, et s'il n'est pas exempt de puni_tions corporelles, et à la peine du knout, par les bourreaux, dans la mesure déterminée par l'art 21, pour le sixième degré de la peine de ce genre, avec application de l'empreinte du fer rouge.

Lorsque ce crime aura été commis non publiquement, ni dans une réunion publique, mais cependant en présence de témoins, avec dessein d'ébranler leur foi ou d'exciter du scandale, le coupable sera condamné à la perte de son état civil et à la déportation pour coloniser dans les lieux les plus lointains de la Sibérie, et s'il n'est pas exempt de punitions corporelles, et à la peine du knout, par les bourreaux, dans la mesure déterminée par l'art. 22, pour le premier degré de la peine de ce genre.

195. Celui qui, étant témoin d'un blasphème ou d'offenses proférés avec intention, dans un lieu public contre les saints, ou d'outrages dans le but d'outrager la foi de qui que ce soit, contre la religion chrétienne en général, ou contre la religion orthodoxe en particulier, ou des criti-ques injurieuses sur les saintes Ecritures et les saints mystères, n'en aura pas donné connaissance aux autorités pour prévenir le scandale, sera condamné à la détention dans une prison pour un temps de six mois à un an ou aux arrêts de trois semaines à trois mois, suivant les circonstances plus ou moins aggravant ou diminuant sa culpabilité.

196. S'il est démontré que celui qui s'était permis de proférer, dans un

lieu public, des paroles blasphématoires ou injurieuses contre les saints du Seigneur, ou contre la foi ou l'Eglise orthodoxe, l'a fait sans intention d'affliger la sainteté, mais uniquement par légèreté, ignorance ou ivrognerie, il sera soumis à la réclusion dans une maison de correction, de un an à deux ans, avec perte de quelques-uns des droits et priviléges particuliers, sur la base de l'art. 54 du présent Code, ou à la réclusion dans une maison de correction, sans aucune limitation de ses droits et priviléges, pour un temps de six mois à un an ; ou enfin, à la détention dans une prison de six mois à deux ans, suivant les circonstances plus ou moins aggravant ou diminuant sa culpabilité.

197. Celui qui, dans des ouvrages imprimés ou écrits et répandus, de quelque manière que ce soit, se serait permis de déverser un blasphème ou des injures contre les saints du Seigneur, ou des outrages contre la foi chrétienne et l'Eglise orthodoxe, ou des critiques contre les saintes Ecritures et les saints mystères, sera soumis à la privation de son état civil et à la déportation pour coloniser, dans les lieux les plus lointains de la Sibérie, et s'il n'est pas exempt de punitions corporelles, à la peine du knout, par les bourreaux, dans la mesure déterminée par l'art. 22, pour le premier degré de la peine de ce genre. Seront aussi passibles des mêmes peines, ceux qui auront sciemment vendu ou de toute autre manière, répandu lesdits écrits ou ouvrages.

198. Ceux qui seront convaincus de railleries ou de persifflage satiriques, montrant du mépris contre les règles ou les rites de l'Eglise Orthodoxe et en général, contre la religion chrétienne, seront condamnés à la réclusion dans une prison, de six mois à un an. Si cependant il est reconnu que le coupable n'avait pas l'intention d'exciter du scandale et de montrer du mépris contre la foi et qu'il n'a commis ce délit que par légèreté, ignorance ou ivresse, il sera condamné aux arrêts de trois semaines à trois mois, suivant les circonstances.

199. Quiconque aura, dans le but d'ébranler le respect dû à la sainteté, distribué, vendu ou répandu, de quelque manière que ce soit, sous une forme scandaleuse, des écrits, gravures, images, estampes ou autres figures des sujets se rapportant à la foi ou aux offices religieux, sera passible de la peine indiquée plus haut, par l'art. 193. Si cependant ces faits avaient été commis sans aucune mauvaise intention de la part de l'inculpé, ni par haine contre la foi chrétienne ou contre l'Eglise Orthodoxe, mais par légèreté ou ignorance, il sera condamné à la réclusion dans une pri-

son pour un temps de trois à six mois ; ou aux arrêts de trois jours à trois semaines, suivant les circonstances. Dans tous les cas les images et les autres emblêmes ou figures de ce genre seront saisis et détruits.

CHAPITRE DEUXIÈME

De l'apostasie et de l'abandon des commandements de l'Eglise.

SECTION I. — *Du détournement et de l'abandon de la Foi.*

200. Quiconque aura détourné, par persuasion, séduction ou autres moyens, une personne de la foi chrétienne Orthodoxe ou d'une autre confession chrétienne pour l'amener à la foi mahométane, juive ou autre non chrétienne, sera condamné à la privation de son état civil et à la déportation aux travaux forcés dans des forteresses pour un temps de huit à dix ans, et s'il n'est pas exempt de punitions corporelles, et à la peine du knout, par les bourreaux, dans la mesure déterminée par l'art. 21, pour le cinquième degré de la peine de ce genre, avec application de l'empreinte du fer rouge. Mais, si en même temps, il est prouvé que le coupable avait employé la force pour contraindre quelqu'un à abjurer le christianisme, il sera condamné à la privation de son état civil et aux travaux forcés dans les mines, pour un temps de douze à quinze ans, et s'il n'est pas exempt de punitions corporelles, et à la peine du knout, dans la mesure déterminée par l'art. 21, pour le troisième degré de la peine de ce genre, avec application de l'empreinte du fer rouge.

201. Les personnes qui auront abandonné la religion chrétienne Orthodoxe ou autre confession chrétienne pour un culte non chrétien, seront renvoyées aux autorités ecclésiastiques de leur précédente confession pour y être exhortées et instruites. Jusqu'à ce qu'elles soient converties au culte chrétien, elles ne jouiront pas des droits de leur condition ; et leurs biens seront pendant tout ce temps séquestrés et soumis à la tutelle.

202. Si les mahométans et les juifs, ayant contracté mariage avec des personnes de la confession évangélique luthérienne ou réformée, ont été convaincus d'avoir, contrairement à leur promesse, donnée par écrit, élevé leurs enfants dans la foi non chrétienne ou converti, par des menaces ou séductions, leurs conjoints ou leurs enfants à leur propre religion ou de

les avoir empêchés d'exercer librement les rites de leur culte , ils subiront la dissolution de leur mariage et seront condamnés à la privation de leur état civil et à la déportation aux lieux plus ou moins éloignés de la Sibérie pour coloniser , suivant les circonstances.

203. Les juifs qui, quoique non convaincus d'avoir converti les chrétiens, les auront néanmoins tenus chez eux en qualité de domestiques, seront pour ce fait , hormis les cas permis par la loi, condamnés à l'amende de cinq roubles pour chaque vingt-quatre heures. En cas de récidive, ils seront , outre cette amende , condamnés aux arrêts de trois semaines à trois mois.

204. Même dans les cas où la loi permet aux juifs d'avoir des chrétiens à leur service, s'ils y emploient les personnes du sexe féminin , tenues dans la même maison qu'ils habitent eux-mêmes , ils seront condamnés à l'amende de cent à deux cents roubles. Cette amende sera augmentée de la moitié de la somme pour chaque cas de récidive.

205. Le coupable d'avoir détourné une personne de la religion Orthodoxe pour lui faire embrasser une autre religion chrétienne, sera condamné à l'interdiction de tous les droits et privilèges particuliers, suivant son état et condition et à la transportation, pour y demeurer dans les goubernies de Tobolsk ou de Tomsk ; ou s'il n'est pas exempt de punitions corporelles , à la peine des verges, dans la mesure déterminée par l'art. 35 du présent Code, pour le cinquième degré de la peine de ce genre, et aux travaux dans les compagnies de discipline, de un an à deux ans. Mais , s'il est prouvé que le coupable, pour atteindre son but , avait employé la contrainte ou la violence , il sera condamné à la privation de son état civil et à la déportation pour coloniser dans la Sibérie ; et s'il n'est pas exempt de punitions corporelles et à la peine du knout, par les bourreaux , dans la mesure déterminée par l'art. 22, pour le second degré de la peine de ce genre.

206. Ceux qui auront abjuré la religion Orthodoxe pour embrasser une autre religion chrétienne , seront remis aux autorités ecclésiastiques pour être instruits et traités selon les prescriptions de l'Eglise. Jusqu'à leur retour à l'Orthodoxie, pour veiller sur leurs enfants mineurs et leurs sujets serfs, afin de les préserver contre la conversion , il sera pris par l'administration des mesures indiquées par les lois (V. règles pour prévenir et empêcher des crimes) Leurs terres , sur lesquelles se trouvent leurs sujets serfs orthodoxes, seront pour tout ce temps mises sous le ré-

gime de la tutelle , et il leur sera interdit d'y avoir leur domicile ou d'y demeurer.

207. — Quiconque aura tenté , dans un sermon ou dans un écrit, d'attirer ou de convertir une personne de la religion Orthodoxe à une autre confession, fût-elle chrétienne, ou à une secte hérétique ou à la doctrine de *Raskolniky* , sera condamné : pour la première fois à la perte de quelques-uns des droits et privilèges particuliers , sur la base de l'art. 54 , et à la réclusion , dans une maison de correction, de un an à deux ans. Pour la seconde fois, à la réclusion, dans une forteresse, de quatre à six ans , aussi avec perte de quelques-uns des droits et privilèges particuliers , conformément à l'art. 52. Pour la troisième fois , à la perte de tous les droits et privilèges particuliers , et à la déportation pour demeurer, dans les goubernies de Tomsk ou de Tobolsk , avec réclusion pour un temps de un an à deux ans ; ou s'il n'est pas exempt de punitions corporelles, à la peine des verges, dans la mesure déterminée par l'art. 35, pour le quatrième degré de la peine de ce genre , et aux travaux dans les compagnies de discipline, de deux à quatre ans. Ceux, qui auront sciemment et avec dessein de convertir les orthodoxes à une autre confession, répandu les dits sermons ou écrits, seront condamnés à la réclusion dans une maison de correction, de six mois à un an, selon la mesure de la faute du coupable , appréciée par le tribunal.

208. Les parents qui, étant par la loi obligés d'élever leurs enfants dans la foi orthodoxe, les auront fait baptiser ou élever suivant les rites et les dogmes d'une autre confession , seront pour ce fait , condamnés à la réclusion dans une prison de un an à deux ans ; leurs enfants seront remis, pour être élevés à leurs agnats de la religion orthodoxe, ou à défaut de ces derniers, à des tuteurs orthodoxes désignés par l'administration. Seront aussi soumis à la même peine les tuteurs qui chercheraient à élever les pupilles orthodoxes confiés à leurs soins, dans les principes d'une autre confession. En outre, les tuteurs seront sur-le-champ destitués de leurs fonctions de tutelle.

209. Celui qui aura empêché qui que ce soit d'embrasser volontairement la religion orthodoxe, sera condamné à la réclusion dans une prison pour un temps de trois à six mois. Mais, si pour empêcher la conversion à l'orthodoxie le coupable avait employé des menaces , persécutions ou des violences , il sera condamné à la perte de quelques-uns des droits et privilèges particuliers et à la réclusion dans une maison de correction pour

un temps de deux à trois ans. Et dans tous les cas, il leur est interdit d'avoir chez eux, en qualité de domestiques, des sujets-serfs orthodoxes ; et de gérer leurs terres, sur lesquelles se trouveraient établis des sujets-serfs de l'église orthodoxe.

210. Quiconque , sachant que sa femme ou ses enfants ou autres personnes , soumises d'après la loi à sa surveillance et à ses soins, étaien t dans l'intention d'abjurer la religion orthodoxe, n'aura pas fait de démarches pour les en détourner et n'aura pas pris des mesures qui, d'après la loi , étaient dans son pouvoir, pour en empêcher la réalisation, sera condamné aux arrêts de trois jours à trois mois ; et en outre, s'il est orthodoxe, il devra être envoyé à l'Eglise pour y faire sa pénitence.

211. Les prêtres des autres confessions qui auraient sciemment admis les orthodoxes à la confession, communion, onction ou les enfants de ces derniers au baptême ou à la confirmation, suivant les rites de leurs confessions, seront condamnés, pour une première fois, à déposer leur fonctions de six mois à un an ; pour une seconde fois, à la privation de leur état ecclésiastique et au renvoi sous la surveillance de la police. Pour avoir, par ignorance , administré aux orthodoxes quelques-unes de leurs cérémonies religieuses, ils seront condamnés à une réprimande sévère , comme ayant commis une imprudence incompatible avec la gravité de leur ministère.

212. Les ecclésiastiques de confession chrétienne non orthodoxe, convaincus d'avoir enseigné le catéchisme aux enfants de la religion orthodoxe ou de les avoir sermonnés contrairement à la doctrine orthodoxe , seront, même dans le cas où ils n'auraient pas eu l'intention de les convertir, condamnés pour une première fois, à quitter leurs places et leurs fonctions pour un an à trois ans. Pour la seconde fois, à la perte de l'état ecclésiastique et à la réclusion dans une prison de un an à deux ans, avec renvoi, après avoir subi cette peine, sous la surveillance de la police.

213. Les personnes du clergé catholique romain blanc ou monastique dans les goubernies occidentales, qui auraient, contrairement à la défense, tenu au service , soit de leurs maisons, soit de leurs Eglises ou monastères, les personnes de la foi orthodoxe, seront pour ce seul fait, alors même qu'elles n'auraient pas cherché à les convertir, condamnées à l'amende de dix roubles à raison de chaque individu.

214. Les ecclésiastiques de la religion chrétienne non orthodoxe, qui auront admis à leur confession, sans autorisation spéciale pour chaque cas, des sujets russes, professant une foi différente, seront soumis : pour la

première et seconde fois, à une réprimande sévère : pour la troisième fois, à la suspension de leurs fonctions pour deux ans ; et pour la quatrième fois à la perte de l'état ecclésiastique et des droits et priviléges qui lui sont attribués.

215. Celui qui entreprendra dans des réunions publiques de soulever des controverses, des contestations ou disputes indécentes sur les différences de religions sera, selon les circonstances, soumis soit à une réprimande sévère du tribunal, soit à une amende pécuniaire de cinq à dix roubles, soit enfin aux arrêts de trois à sept jours.

SECTION II. — *Des hérésies et des sectes.*

216. Les coupables d'avoir propagé des hérésies et des sectes déjà existantes et favorisé l'introduction de sectes nouvelles, injurieuses à la foi orthodoxe, seront punis de la privation de leur état civil et de la déportation pour coloniser — de la Russie européene, dans les provinces transcaucasiennes, — de Stravropolsk et du Caucase dans la Sibérie, — et les habitans de la Sibérie, dans les contrées les plus reculées de la Sibérie. Seront soumis aux mêmes peines les sectaires (*Rascolniquis*) qui, par suite de leur égarement fanatique, oseraient publiquement affliger l'Eglise ou son clergé. Les convertis de la religion orthodoxe à une hérésie quelconque, seront renvoyés aux autorités ecclésiastiques pour être exhortés et instruits.

217. Les partisans des sectes ainsi appelées : spirites, iconoclastes, malakans, circoncis, eunuques et autres hérétiques reconnus nuisibles et dangereux par la propagation de leurs doctrines, et la conversion des autres à leur hérésie, seront condamnés à la perte de leur état civil et à la déportation pour coloniser : — ceux de la Russie d'Europe, dans les pays Transcaucasiens, — ceux de goubernies de Stavropolsk et du Caucase, dans la Sibérie, — et les habitants de la Sibérie, dans les lieux les plus reculés de Sibérie, de manière cependant qu'ils soient, dans les lieux de leur séjour, établis séparément des autres habitants ou colons de ces contrées. Les malakans et autres hérétiques reconnus nuisibles qui se seraient permis d'enseigner publiquement aux orthodoxes leurs fausses doctrines, seront considérés comme propagateurs d'hérésies.

Remarque. — Par un décret de l'Empereur, en date du 20 janvier 1857, les eunuques de tous les pays de Russie doivent être déportés dans les contrées les plus lointaines de la Sibérie orientale, et y être soumis à la plus sévère surveillance des autorités civiles locales (Compl. du 22 mars 1860).

218. Les adhérents des sectes désignées dans l'article précédent, et, en général, de celles reconnues nuisibles, qui, ayant caché leur adhérence à l'une de ces sectes, se seraient ainsi fait immatriculer dans l'une des corporations de ville, dans les lieux où cela leur est interdit par les lois, seront condamnés à la déportation, — ceux des goubernies intérieures, dans le pays transcaucasien, — et ceux du Caucase et de Stavropolsk, dans la Sibérie. Seront aussi soumis à la même peine, ceux des hérétiques en général qui, lors des élections de villes ou de campagnes, ayant déclaré qu'ils n'appartenaient à aucune hérésie, auraient ainsi obtenu une fonction élective. Les sectaires de l'hérésie eunuque, convaincus d'avoir caché leur adhérence à cette secte et d'avoir, par ce moyen, obtenu leur inscription sur les listes de municipalité de villes, dans les lieux où cela leur est défendu, ou d'avoir occupé ainsi une fonction élective, seront déportés dans la contrée la plus reculée de Sibérie orientale, et y seront soumis à la plus sévère surveillance des autorités civiles locales (Modif. 22 mars 1860).

219. Les parents ou les tuteurs qui auront laissé leurs enfants mineurs ou pupiles chrétiens pratiquer les rites spirituels d'après la foi juive ou celle de tout autre hérésie, ou les fréquenter, seront soumis aux mêmes peines que s'ils eussent converti les majeurs à une hérésie, c'est-à-dire à la peine indiquée plus haut par l'article 217. Les mineurs eux-mêmes qui ont pratiqué ces rites seront envoyés dans les fabriques de l'État.

220. Lorsque la propagation d'un hérésie ou d'une secte aura été accompagnée de violence ou de toute autre circonstance aggravante, l'accusé convaincu de ce crime sera condamné à la privation de son état civil et aux travaux forcés dans les mines, pour un temps de douze à quinze ans, — s'il n'est pas exempt de punitions corporelles, — et à la peine du knout par les bourreaux, dans la mesure déterminée par l'article 21 pour le troisième degré de la peine de ce genre, avec application de l'empreinte du fer rouge.

221. Les hérétiques coupables de crime de castration commis sur les autres personnes par l'égarement fanatique, quoiqu'ils n'eussent pas employé de violence, seront condamnés à la privation de leur état civil et à la déportation aux travaux forcés dans des établissements de l'État, de

quatre à six ans , et , — s'ils ne sont pas exempts de punitions corporelles — , à la peine du knout par les bourreaux, dans la mesure déterminée par l'article 21 pour le septième degré de la peine de ce genre.
Les coupables convaincus du crime de castration commis sur leur propre
personne, seront punis de la privation de tous les droits d'état civil et de
la déportation pour coloniser dans les lieux reculés de la Sibérie orientale,
avec ordre d'exercer sur eux la plus rigoureuse surveillance par les autorités civiles locales.

222. Si dans des feuilles de route, certificats ou passeports délivrés à
des individus châtrés, il n'est pas fait mention que les porteurs d'iceux
sont châtrés, ils seront condamnés aux peines portées par l'article précédent
contre ceux qui auraient commis ce crime sur leur propre personne. Le
maître châtré, convaincu d'avoir pris à gages un ouvrier , un domestique
ou commis, ou d'avoir logé dans sa maison, sous quelque prétexte que
ce soit, un étranger ou un parent qui, par la suite, se serait montré être
châtré, si, d'ailleurs, sa feuille de route ou son passeport n'énonce pas
cette mutilation , sera puni des peines portées par l'article 221 pour le
crime de castration commis sur les autres personnes.

223. Les hérétiques convaincus d'appartenir à des sectes entachées de
superstitions sauvages, et d'attentats fanatiques contre leur propre vie ou
contre celle des autres, ou d'actions abominables et contraires aux bonnes
mœurs, seront, quoiqu'ils n'eussent pas cherché à convertir les orthodoxes, soumis aux peines portées ci-dessus par l'art. 217. Dans le cas
où par suite de ce fanatisme , ils auraient commis un meurtre ou tentative
de meurtre, ils seront condamnés aux peines édictées par l'art. 2003 du
présent Code, pour crime de meurtre commis avec préméditation ou pour
tentative de ce crime , sur la base des règles établies plus haut, par les
art. 126 et 127.

224. Si le sectaire d'une hérésie, après avoir été converti à la religion
orthodoxe, et en conséquence de cette conversion, renvoyé du lieu de son
exil, tombait de rechef dans l'hérésie, il sera soumis à la perte de son état
civil et à la déportation, sans retour, dans le pays transcaucasien ou dans
les contrées les plus reculées de Sibérie, sur la base des dispositions des
art. 216 et 217.

225. Ceux qui seront convaincus de l'édition de livres anciens , imprimés ailleurs que dans la typographie synodale orthodoxe de Moscou ,
ou de leur vente , ou de les avoir propagés ou répandus de quelque

manière que ce soit, ou de l'acquisition de livres hérétiques, pour être employés au service du culte, seront punis, pour la première fois, d'une amende de cent à deux cents roubles; pour la deuxième fois, du double de cette amende. Convaincus de ce délit plus de deux fois, ils seront punis, outre l'amende, pour la seconde fois, de la réclusion dans une prison, de trois à six mois. Les livres trouvés en leur possession seront confisqués et envoyés aux autorités diocésaines compétentes.

226. Les coupables d'avoir fondé des ermitages hérétiques ou autres demeures de cette nature, construit des édifices nouveaux ou réparé les anciens, quels qu'ils soient, destinés au service du culte hérétique, sous la dénomination d'églises, chapelles ou maisons de prières, d'avoir érigé les autels dans les chapelles déjà existantes, et, enfin, d'avoir converti des habitations chrétiennes en oratoires publics, seront punis de la réclusion dans une prison d'un an à deux ans. Tous les édifices construits par eux seront démolis, et les matériaux en provenant, seront vendus au profit du bureau local de bienfaisance publique.

227. Les malakans qui tiendront comme domestiques ou ouvriers des personnes de la foi orthodoxe dans leurs maisons, fabriques ou établissements, ou qui resteront eux-mêmes au service d'une maison ou d'un maître orthodoxe, seront punis des peines portées par l'art. 307.

228. Si quelqu'un des Israélites, ayant été expulsé par ordre de l'administration du lieu dans lequel serait découverte, ainsi nommée, l'*hérésie juive*, y rentrait de son propre gré, sera puni de vingt à quarante coups de verges et déporté pour coloniser dans la province transcaucasienne.

229. Celui qui aura donné asile à un Israélite expulsé du lieu où serait découverte l'hérésie juive, après qu'il y serait rentré, sera puni, s'il est propriétaire, fermier, possesseur ou gérant temporaire d'un bien de l'Etat, pour la première fois, de l'amende de cinquante roubles; pour la deuxième fois, du double de la même amende; pour la troisième fois, le bien de ce propriétaire sera mis en tutelle pour toute sa vie; le gérant d'un bien de l'Etat sera destitué de sa fonction et le possesseur fermier sera également privé du droit de posséder le bien et de l'administrer, avec insertion dans les journaux des capitales et des goubernies locales, portant qu'il en est incapable. Si les coupables de cette infraction appartiennent à des corporations de ville ou de paysans, ils seront punis : pour la première et la deuxième fois, de la peine des arrêts de trois se-

maines à trois mois ; ou s'ils ne sont pas exempts de peines corporelles , de vingt à trente coups de verges , et pour la troisième fois, de la réclusion dans une prison , de six mois à un an.

SECTION III. — *Du refus de remplir les commandements de l'Eglise.*

230. Les nouveaux convertis à la foi orthodoxe qui n'observeront pas les statuts d'Eglise et continueront à être attachés à quelqu'une des pratiques d'un culte différent , seront remis aux autorités ecclésiastiques orthodoxes, pour être instruits et traités conformément aux prescriptions de l'Eglise.

231. Les personnes de la foi orthodoxe qui, par négligence ou paresse , n'iront pas à confesse ou s'abstiendront de participer aux saints mystères de la communion, seront punies des peines portées par les canons de l'Eglise et appliquées par les tribunaux diocésains ; en observant toutefois, qu'en les punissant, les gens de service ne soient pas tenus longtemps éloignés de leurs fonctions , et ceux des campagnes , distraits de leurs travaux champêtres.

232. Les parents qui négligeront de conduire à confesse leurs enfants, recevront une remontrance sévère de la part des autorités ecclésastiques, et seront notés par les autorités civiles.

233. Celui qui, sans une permission spéciale, dûment obtenue, aura , avec des images , cierges ou livres , quêté pour la construction d'églises , monastères ou autres établissements religieux, sera, après lui avoir saisi les cierges, les livres et l'argent, s'il est ecclésiastique, puni de la peine appliquée par ses autorités spirituelles ; — s'il est laïque, — de l'amende de cinquante à cent roubles. L'argent recueilli par lui , destiné pour une église ou un monastère connus, sera envoyé aux autorités diocésaines ; et celui destiné à d'autres établissements saints, sera versé dans la caisse du bureau local de bienfaisance publique.

234. Ceux qui seront convaincus d'avoir procédé à l'enterrement d'une personne décédée, du rit orthodoxe, ou catholique romain, ou arménien-grégorien, ou arménien-catholique, ou de l'un des cultes protestants , sans qu'on eût accompli les cérémonies chrétiennes suivant les rites du culte auquel appartenait la personne décédée , seront punis des arrêts de trois semaines à trois mois. En sont exceptés les cas d'une impossibilité ou

d'une grande difficulté d'appeler le prêtre pour l'enterrement du mort, vu les grandes distances dans les lieux déserts, les circonstance de guerre, peste ou autres cas extraordinaires.

CHAPITRE TROISIÈME.

Des attentats contre les choses saintes, et des infractions aux réglements de police des églises.

SECTION Ire. — *De la profanation de la sainteté et des outrages contre les personnes ecclésiastiques pendant la célébration du saint office.*

235. Quiconque, oubliant la crainte de Dieu et le respect dû aux saints mystères et aux rites de la foi, sera entré dans l'église ou s'y sera violemment introduit et s'y portera à des excès d'outrages contre les objets sacrés ou consacrés par leur emploi aux offices religieux , sera puni de la privation de son état civil, et des travaux forcés dans les mines, de douze à quinze ans, et, — s'il n'est pas exempt de punitions corporelles, — à la peine du knout par les bourreaux, dans la mesure déterminée par l'art. 21 , pour le troisième degré de la peine de ce genre , avec application de l'empreinte du fer rouge. Si le procédé du coupable a atteint un si haut degré d'impiété qu'il est allé même jusqu'aux voies de fait pour outrager les saints mystères et les objets sacrés, il sera, pour ce crime , condamné à la privation de son état civil et aux travaux forcés dans les mines à perpétuité, — et, en outre , s'il n'est pas exempt de punitions corporelles —, à la peine du knout par les bourreaux, dans la mesure déterminée par l'art. 21, pour le premier degré de la peine de ce genre, avec application de l'empreinte du fer rouge.

236. Celui qui aura, avec intention préméditée , par voies de fait ou par d'autres actes de violence exercés contre les ministres officiants, interrompu l'office divin célébré, soit dans l'intérieur, soit à l'extérieur de l'église, sera condamné à la privation de son état civil et à la déportation, pour coloniser dans les lieux les plus reculés de la Sibérie ; et , — s'il n'est pas exempt de peines corporelles —, à la peine du knout par les bourreaux , dans la mesure déterminée par l'art. 22 , pour le premier degré de la peine de ce genre. S'il a commis ce crime dans l'ivresse,

pourvu qu'il ne se soit pas mis à dessein dans cet état, et, en général, s'il est démontré qu'il n'a pas agi avec préméditation, la mesure de la peine sera adoucie d'un degré, c'est-à-dire qu'il subira la perte de son état civil, et sera déporté pour coloniser dans des lieux de Sibérie moins reculés, et — s'il n'est pas exempt de punitions corporelles —, la peine du knout sera diminuée dans la mesure déterminée par l'art. 22, pour le second degré de la peine de ce genre. Et dans tous les cas, si le coupable professe la religion chrétienne, il sera, outre ces peines, soumis à la pénitence religieuse, conformément aux arrêtés pris à cet égard par ses autorités spirituelles.

237. Si un prêtre, pendant qu'il célébrait l'office divin ou exerçait d'autres cérémonies religieuses, a été tué volontairement, ou même involontairement, si, d'ailleurs, la mort a été le résultat des actes commis sur sa personne par le coupable, par méchanceté ou par haine, dans le but seulement de lui porter des coups ou de lui faire des blessures, le meurtrier ou l'agresseur sera condamné à la privation de son état civil, et aux travaux forcés dans les mines à perpétuité, si le meurtre a été commis volontairement ; et aux travaux forcés dans les mines pour un temps de douze à quinze ans, si le meurtre a été commis dans l'intention seulement de lui porter des coups ou de lui faire des blessures ou des mutilations, et, en outre, — s'il n'est pas exempt de punitions corporelles —, à la peine du knout par les bourreaux ; — au premier cas, dans la mesure déterminée par l'art. 21, pour le premier degré de la peine de ce genre ; — et au second cas, dans la mesure déterminée par le même article pour le troisième degré de la même peine, — avec application de l'empreinte du fer rouge. Le coupable d'avoir fait des blessures ou mutilations au prêtre pendant qu'il officiait ou célébrait des cérémonies religieuses, sera puni de la perte de son état civil, et des travaux forcés dans des forteresses, de huit à dix ans ; et, — s'il n'est pas exempt de punitions corporelles —, de la peine du knout par les bourreaux, dans la mesure déterminée par l'art. 21, pour le cinquième degré de la peine de ce genre, avec application du fer rouge. Mais si les mutilations ou blessures ont été faites sans intention directe de les faire, le coupable sera condamné à la privation de son état civil, et aux travaux forcés dans des établissements de l'Etat, de quatre à dix ans ; et, en outre, — s'il n'est pas exempt de punitions corporelles, — à la peine du knout par les bourreaux, dans la mesure déterminée par l'art.

21, pour le septième degré de la peine de ce genre, avec application de l'empreinte du fer rouge.

238. Quiconque aura, en vue d'exciter du scandale, montré par des actes indécents, du mépris contre la sainteté Divine pendant les offices célébrés dans l'église, sera puni de la privation de quelques-uns des droits et priviléges particuliers, sur la base de l'art. 45, et de la réclusion dans une maison de correction, de deux à trois ans ; ou dans une prison, de six mois à un an, suivant les circonstances.

239. Quiconque aura, avec intention, par des paroles insolentes et grossières, outragé le prêtre dans la célébration de l'office divin, et en aura ainsi interrompu ou arrêté la continuation, sera condamné à la réclusion dans une maison de correction, de six mois à un an, ou dans une prison, de trois à six mois, suivant les circonstances et la nature de l'outrage.

340. Si l'un des crimes indiqués par les deux articles précédents, a été commis sans intention, mais par imprudence ou dans l'état d'ivresse, le coupable sera condamné aux arrêts de trois semaines à trois mois, selon les circonstances.

241. Les individus appartenant à d'autres cultes, qui oseraient, par paroles ou actes, outrager un prêtre de l'Eglise orthodoxe, même dans un temps autre que celui de la célébration des offices, mais avec intention de montrer du mépris contre la foi orthodoxe, seront condamnés : pour la première fois à la réclusion dans une prison, de six mois à un an ; pour la deuxième fois, à la réclusion dans une prison, de un an à deux ans.

242. Celui qui aura, avec intention de montrer du mépris contre la foi chrétienne, détruit ou endommagé les croix et les images du Sauveur, de la sainte Vierge, des saints ou des anges, sera condamné à la réclusion, dans une maison de correction de deux mois à un an ; et, en outre, s'il est chrétien, il sera soumis à la pénitence religieuse ; mais s'il est reconnu que le coupable a commis ce délit par imprudence ou dans l'état d'ivresse, il sera condamné aux arrêts de trois semaines à trois mois.

SECTION II. — *Des infractions aux réglements de police, pendant la célébration des offices dans les églises.*

243. Quiconque aura, dans l'église ou dans tout autre lieu consacré au

6

culte, pendant la célébration des offices, porté atteinte au respect et au recueillement qui leur sont dus, ou s'y sera, au grand scandale des assistants, présenté ivre et dans une attitude relâchée, ou aura, par de hauts cris, éclats de rire ou autres bruits indécents, et en général, par des procédés inconvenants, excité du scandale, en détournant l'attention des fidèles de l'office divin, sera soumis, eu égard aux circonstances, à l'amende de cinquante *kopéeks* à un rouble, ou aux arrêts de trois à sept jours. Dans le cas, cependant, où par suite de sa conduite indécente, il aurait troublé ou interrompu la célébration des offices, il sera condamné aux arrêts, de trois semaines à trois mois.

244. Les prêtres et les clercs du clergé séculier et monastique, qui auraient violé la police dans les églises ou commis tout autre acte contraire aux réglements ou à la décence, pendant les offices, seront soumis aux peines déterminées par leurs autorités spirituelles, d'après la base des dispositions établies pour cet effet. Les serviteurs de l'église, qui se seraient permis dans l'église, pendant les offices de frapper quelqu'un avec la main ou avec un instrument, sera, après l'exclusion de son emploi, soumis à la peine portée par l'art. 2088 du présent Code.

245. Celui qui pendant la célébration des offices, ayant occupé la place destinée à leur exercice, ou étant entré dans l'enceinte de l'autel, ne s'en serait pas éloigné au premier avertissement du prêtre, sera condamné : pour la première fois, à une amende de cinquante *kopéeks* à un rouble; pour la seconde fois, aux arrêts, de trois à sept jours.

246. Sera soumis aux mêmes amendes et peines, celui qui, pendant l'office aura, sans tenir compte de l'avertissement qui lui aurait été donné à cet égard, occupé la place destinée à la famille Impériale ou une autre, que, d'après les réglements généraux ou particuliers, il n'est pas permis d'occuper.

247. Celui qui aura, dans l'église et pendant les offices, remis à un ecclésiatique ou laïque quelconque une requête, sera soumis aux arrêts, de un jour à trois jours.

248. Celui qui cherchera à s'y introduire avec violence, alors que l'entrée lui en a été interdite, sera soumis, soit aux arrêts, de trois à sept jours, soit seulement à une amende de cinquante *kopéeks*, à un rouble, suivant les circonstances.

SECTION III. — *Des infractions aux réglements de police pendant la célébration des offices hors de l'église.*

249. Celui qui pendant la célébration de l'office divin, aura dans sa proximité, proféré des cris ou commis toute autre insolence quelconque, ou aura le jour de dimanche, de fête solennelle, ou de fête d'église, avant la fin de la liturgie dite dans l'église paroissiale, ou pendant la marche de la procession, ou lors de la consécration de l'eau ou de tout autre exercice religieux public, sur les places, dans les rues ou dans les champs, entrepris des jeux quelconques, de la musique, des danses, courses de chevaux, chanter dans les rues, ou autres divertissements et amusements profanes, sera soumis à une amende d'un rouble à trois roubles ; en cas de récidive, le coupable sera, outre la susdite amende, soumis aux arrêts, de trois semaines à trois mois.

250. Celui qui, le jour de dimanche, de fête solennelle, tabulaire ou d'église, avant l'achèvement de la liturgie dite dans l'église paroissiale, pendant la procession ou autres exercices religieux publics, aura, dans la proximité de l'église ou du lieu destiné aux prières des fidèles ou dans le voisinage de l'une des rues indiquées pour la marche de la procession, ouvert une boutique de marché (à l'exception cependant de celle d'approvisionnement de fourrage pour le bétail) ou de buvettes, sert soumis aux amendes et aux peines portées par l'art. 1291 du présent Code.

251. Celui qui, pendant la procession ou quelque peu avant sa sortie, aura stationné sur les lieux désignés pour son parcours et aura de cette manière causé de la confusion, sera arrêté et tenu sous la garde jusqu'à la fin de ces saintes cérémonies. Mais si le coupable a montré envers cette sainte cérémonie un mépris avoué, ou si la confusion n'a pas été opérée par lui seul, mais par plusieurs, dans le but d'exciter du scandale, les coupables seront condamnés aux arrêts de trois semaines à trois mois.

252. Celui qui, pendant l'exercice des rites spirituels ou des prières dans des établissements publics ou dans des maisons privées, aura commis quelque action indécente dans le but de troubler leur accomplissement, sera soumis aux arrêts de sept jours à trois semaines.

CHAPITRE QUATRIÈME.

Du sacrilége, de la violation des tombeaux et de la spoliation des cadavres.

253. Est considéré comme sacrilége toute soustraction ou enlèvement des effets et des deniers appartenant à l'église, soit dans l'église
même, soit dans des chapelles, vestiaires, sacristies ou autres
dépôts appartenant à l'église, alors même que ces lieux se trouveraient hors
de l'église et séparés de ces édifices. La gravité du crime de sacrilége et
la peine à y appliquer augmenteront lorsqu'il aura été accompagné d'outrages contre les choses saintes, d'actes de violence ou d'effraction.

254. Pour le pillage de l'église, commis par un ou plusieurs individus
qui s'y seraient violemment introduits, quoiqu'il n'en soit résulté pour
personne ni homicide, ni blessure, les coupables seront punis de la
privation de leur état civil et des travaux forcés dans les mines, de
douze à quinze ans et — s'ils ne sont pas exempts de punitions corporelles — de la peine du knout, par les bourreaux, dans la mesure déterminée par l'art. 21, pour le troisième degré de la peine de ce genre,
avec application de l'empreinte de fer rouge. Pour le pillage exercé avec
violence dans une chapelle, si, d'ailleurs, il n'y a eu d'homicide, ni de
blessure pour personne, les coupables seront condamnés à la perte de
leur état civil et aux travaux forcés dans des forteresses, de dix à douze
ans, et — s'ils ne sont pas exempts de punitions corporelles — à la
peine du knout, par les bourreaux, dans la mesure déterminée par
l'art. 21, pour le quatrième degré de la peine de ce genre, avec application de l'empreinte du fer rouge.

255. Pour soustractions et enlèvements des objets sacrés commis avec
effraction, soit dans l'église, soit dans son vestiaire, tels que des coupes, des patènes, des boîtes d'hosties, des cuillers d'or, des lances qui
sont employées lors de la consommation de l'Eucharistie, des croix, des
évangiles, des images, des reliques ; — y sont compris bien entendu, les
enchâssures et les embellissements des croix, des images et des reliques,
— comme aussi des antemenses, des couvercles des vases sacrés et du
linge des maîtres-autels et autres autels, les coupables seront condamnés

à la perte de leur état civil et aux travaux forcés dans des forteresses, de dix à douze ans, et — s'ils ne sont pas exempts de punitions corporelles — à la peine du knout , par les bourreaux , dans la mesure déterminée par l'art. 21, pour le quatrième degré de la peine de ce genre , avec application de l'empreinte du fer rouge. Si cet enlèvement, accompagné d'outrages contre la sainteté , a été commis sans effraction , les coupables seront condamnés à la perte de leur état civil, et aux travaux forcés dans des établissements de l'Etat, de six à huit ans , et — s'ils ne sont pas exempts de punitions corporelles — à la peine du knout , par les bourreaux, dans la mesure déterminée par l'art. 21 , pour le sixième degré de la peine de ce genre, avec application du fer rouge.

256. Pour l'enlèvement avec effraction , dans une église ou une chapelle des autres objets, quoique moins sacrés , mais consacrés cependant par leur emploi dans la célébration des offices divins, tels sont : les fonts-baptismaux et les autres bassins plus grands , destinés à la consécration de l'eau, les puisoires, encensoirs , couvertures de pupitre ou de lutrins , les habits sacerdotaux des officiants, l'encens , les lustres et les cierges qui y sont placés, les lampes, les livres destinés au service religieux, excepté l'Evangile, et autres effets pareils, les coupables seront condamnés à la perte de leur état civil et aux travaux forcés dans des établissements de l'Etat, de six à huit ans, et — et s'ils ne sont pas exempts de punitions corporelles — à la peine du knout, par les bourreaux , dans la mesure déterminée par l'art. 21, pour le sixième degré de la peine de ce genre , avec application du fer rouge ; si cet enlèvement n'a pas été accompagné d'effraction , la peine sera diminuée d'un degré.

257. Pour l'enlèvement commis avec effraction, non dans l'intérieur de l'église ou dans son vestiaire, mais dans un autre dépôt quelconque dépendant de l'église , des objets sacrés ci-dessus désignés , art. 255 , le coupable sera puni de la perte de son état civil , et des travaux forcés dans des établissements de l'Etat, de six à huit ans , et , — s'il n'est pas exempt de punitions corporelles — , de la peine du knout par les bourreaux , dans la mesure déterminée par l'art. 21 , pour le sixième degré de la peine de ce genre , avec application de l'empreinte du fer rouge. Mais si l'enlèvement a été fait sans effraction, la peine sera diminuée d'un degré.

258. Pour l'enlèvement commis avec effraction, non dans l'intérieur de l'église ou dans son vestiaire , mais dans tout autre dépôt dépendant

de l'église, ou dans des chapelles, des objets désignés ci-dessus, art. 256, et consacrés par leur emploi aux cérémonies religieuses, les coupables seront condamnés à la privation de leur état civil, et aux travaux forcés dans des établissements de l'État, de quatre à six ans, et, — s'ils ne sont pas exempts de punitions corporelles, — à la peine du knout par les bourreaux, dans la mesure déterminée par l'art. 21, pour le septième degré de la peine de ce genre, avec application de l'empreinte du fer rouge. Si ces effets ont été enlevés dans une chapelle ou dans un dépôt, sans effraction, les coupables seront punis de la déportation pour coloniser dans les contrées les plus reculées de la Sibérie, avec perte de leur état civil, et, — s'ils ne sont pas exempts de punitions corporelles —, à la peine du knout par les bourreaux, dans le mesure déterminée par l'art. 22, pour le premier degré de la peine de ce genre.

259. Les coupables d'enlèvement avec effraction, dans une église ou dans son vestiaire, des deniers à lui appartenant, des cierges non encore placés devant les images ou dans des lustres, ou des autres objets non encore consacrés par leur emploi aux offices religieux, seront condamnés à la privation de leur état civil, et aux travaux forcés dans des établissements de l'État, de quatre à six ans, et, — s'ils ne sont pas exempts de punitions corporelles —, à la peine du knout par les bourreaux, dans la mesure déterminée par l'art. 21, pour le septième degré de la peine de ce genre, avec application de l'empreinte du fer rouge. Pour un pareil enlèvement commis, même sans effraction, mais par suite d'un dessein formé à l'avance, les coupables seront punis de la perte de leur état civil, et de la déportation dans la Sibérie pour coloniser, et, — s'ils ne sont pas exempts de punitions corporelles —, de la peine du knout par les bourreaux, dans la mesure déterminée par l'art. 22, pour le second degré de la peine de ce genre. Si cet enlèvement a eu lieu sans effraction et sans préméditation, les coupables seront condamnés à la perte de tous leurs droits et priviléges particuliers, et à la transportation dans les goubernies d'Irkoutsk et d'Enisseisk, avec réclusion de deux à trois ans, et avec défense de s'en éloigner dans d'autres goubernies sibériennes pendant la durée du temps déterminé par le tribunal ; de huit à dix ans, ou, — s'ils ne sont pas exempts de punitions corporelles —, à la peine des verges, dans la mesure déterminée par l'art. 35, pour le second degré de la peine de ce genre, et aux travaux dans les compagnies de discipline, de six à huit ans.

260. Pour enlèvement des deniers et effets appartenant à l'église, et non consacrés par leur emploi au service religieux, commis avec effraction, non dans l'église ou dans son vestiaire, mais dans une chapelle ou dans tout autre dépôt dépendant, mais séparé de l'église, les coupables seront soumis à la perte de leur état civil, et à la déportation dans la Sibérie pour coloniser ; et, — s'ils ne sont pas exempts de punitions corporelles, — à la peine du knout par les bourreaux, dans la mesure déterminée par l'art. 22, pour le deuxième degré de la peine de ce genre. Si cet enlèvement a été exécuté sans effraction, mais avec un dessein arrêté à l'avance, les coupables seront condamnés à la perte de tous leurs droits et priviléges particuliers, et à la transportation dans les goubernies d'Irkoutsk ou d'Enisseisk, avec réclusion de deux à trois ans, et avec défense de s'en éloigner, dans les autres goubernies sibériennes pendant le temps déterminé par le tribunal, de huit à dix ans, ou, — s'ils ne sont pas exempts de punitions corporelles, — à la peine des verges, dans la mesure déterminée par l'art. 35, pour le deuxième degré de la peine de ce genre, et aux travaux dans les compagnies de discipline, de six à huit ans. Mais s'il est prouvé que cet enlèvement a eu lieu sans effraction et sans dessein prémédité, la peine sera·dimininuée d'un degré.

261. Pour vol d'argent commis dans des troncs, exposés avec des images ou croix pour la quête au profit de l'église, les coupables seront soumis aux peines qui, dans l'article précité, 260, sont portées pour enlèvement d'effets appartenant à l'église, non consacrés par leur emploi au culte religieux, commis dans des chapelles ou autres dépôts dépendant de l'église, mais séparés de ces édifices.

262. Si le sacrilége a été commis par l'une de ces personnes auxquelles aurait été confiée la garde de ces effets ou des deniers enlevés, ou à laquelle ces objets auraient été remis pour être employés au service religieux, la sévérité de la peine édictée par les articles précédents pour chaque genre de ce crime, sera renforcée d'un degré.

263. Pour enlèvement des effets et deniers dans l'église, ne faisant pas partie des biens appartenant à l'église, si cet enlèvement a été fait sans outrage envers les choses saintes, et, de même pour l'appropriation des effets ou deniers, donnés par quelques personnes que ce soit pour l'acquisition des cierges, et, en général, pour l'église ou pour l'entretien des monastères et des moines, mais n'étant pas encore entrés dans le domaine de l'église ou des monastères, les coupables seront soumis à la mesure

la plus élevée de la peine portée par l'art. 2238, pour vol, ou par l'art. 2272, pour appropriation du bien d'autrui. Si, au contraire, il y a eu en même temps outrage contre la sainteté, ils seront condamnés aux peines portées pour sacrilége, sur la base des règles établies par l'art. 260.

264. Toutes les dispositions du présent chapitre sur les peines pour crime de sacrilége, s'étendent, dans une mesure égale, à ceux qui l'auraient commis dans des églises, chapelles, vestiaires ou autres depôts appartenant à d'autres confessions chrétiennes reconnues par les lois de l'Empire.

Remarque. — Dans le procès de sacriléges, sur la base des dispositions des art. 255 et 256, sont reconnus comme sacrés : 1º Selon les règles de l'Eglise Catholique Romaine : les saintes hosties dans les ciboires, l'huile employée dans la cérémonie du saint-baptême, de l'onction de l'Extrême-Onction administrée aux malades, les coupes et les patènes, les Porte-Dieu (Monstrantia), les ciboires, les pierres placées sur les autels, appelées (attare portatile), les reliques, les croix et l'évangile employés dans l'office divin (y sont compris, bien entendu, les enchâssures et les ornements des croix, des images, des reliques et des évangiles) et l'eau bénite dans les fonts-baptismaux ; 2º suivant les règles de l'église Arméno-Grégorienne : les coupes, les patènes, les ciboires, les croix, l'évangile, les images ointes d'huile, les reliques, les enchâssures des croix, des images, des reliques, les couvercles de vases sacrés, le linge des autels, et au lieu des antemenses, les pierres placées sur l'autel pour la célébration de la messe, sur lesquelles se trouve gravée la croix ointe d'huile.

II. Les objets consacrés par leur emploi dans les offices, 1º selon les règles de l'église catholique romaine sont : les vases pour porter aux malades la sainte communion, les vases pour la garde de l'huile sainte, les objets suspendus (vota), les linges des autels, des pupitres ou lutrins et autres semblables, le linge et les habits sacerdotaux, les bannières, les cloches, les sonnettes, les candélabres, les lustres et les cierges y placés, l'encens, les vases pour la garde de l'encens, les ampoules, les livres de messe et tous les autres objets destinés au service du culte ; 2º selon les règles de l'église Arménienne : les bassins pour la consécration de l'eau, les puisoires, les habits sacerdotaux des officiants, les lustres et les cierges y placés, les candélabres grands et petits sur les autels et devant les autels et les reliques, les livres de messe et les portes de l'église.

III. Les objets non consacrés, 1º selon le titre de l'église catholique romaine : sont l'argent, les cierges, non encore placés devant les images ou dans les lustres et autres semblables , et 2° selon le rit Grégorien : les aspersoirs et les lampes ; chez les Améniens, les bassins immobilisés, taillés dans une pierre incrustée dans le mur septentrional de l'église , près de l'autel.

Les églises du culte protestant ou réformé divisent les objets d'église , en objets consacrés par leur emploi aux pratiques religieuses et en objets non consacrés. Les premiers sont : les croix , la sainte Bible, les calices, les patènes, les ciboires , les fonts baptismaux et les vases pour la garde du vin destiné à la communion ; aux seconds, appartiennent les collections de chants d'église et autres livres d'église, le linge des autels, des lutrins, des chaires et autres semblables.

265. Pour l'enlèvement , opéré sciemment, des objets sacrés ou consacrés par leur emploi au culte religieux, mentionnés dans les art. 255 et 256 , non dans l'église, vestiaire ou dans un autre lieu dépendant de l'église, mais dans une maison privée ou dans un autre lieu , les coupables seront soumis , si cet enlèvement a été fait avec effraction, à la privation de leur état civil et à la déportation pour coloniser dans les contrées les plus lointaines de la Sibérie , et — s'ils ne sont pas exempts de punitions corporelles, à la peine du knout, par les bourreaux , dans la mesure déterminée par l'art. 22, pour le premier degré de la peine de ce genre ; si c'est sans effraction, ils seront condamnés à la perte de tous les droits et priviléges particuliers et à la transportation dans les goubernies d'Irkoutsk ou d'Enisseisk, avec réclusion , de trois à quatre ans, et avec défense de s'en éloigner dans d'autres goubernies Sibériennes dans l'espace de temps déterminé par l'arrêt du tribunal, de dix à douze ans, ou — s'ils ne sont pas exempts de punitions corporelles — à la peine des verges dans la mesure déterminée par l'art. 35 , pour le premier degré de la peine de ce genre, et aux travaux dans les compagnies de discipline, de huit à dix ans. Si les objets ci-dessus indiqués , art. 255 et 256, ont été enlevés dans des boutiques ou magasins , dans des ateliers de métiers et arts, ou dans tous autres lieux, avant leur emploi au service religieux, ou avant qu'ils fussent entrés dans le domaine de l'église , les coupables seront soumis à la plus haute mesure des peines établies dans les art. 2226, 2245, 2247— 2251 du présent Code.

266. Pour vol d'argent commis dans les troncs ou bassins exposés près des églises ou chapelles , au profit , non des églises , mais des

pauvres, ou pour l'usage de la charité , les coupables seront soumis à la plus haute mesure des peines portées par les art. 2228 pour vol. Seront soumis aux mêmes peines, les coupables d'enlèvement, dans les troncs ou bassins , des deniers destinés aux églises ou chapelles , s'il est prouvé , qu'ils en ont ignoré la véritable destination. Mais, si l'enlèvement a été fait par une personne, à laquelle il était impossible d'ignorer que l'argent appartenait à l'Eglise, ou dans des circonstances telles qu'elles ne permettaient pas d'en douter, le coupable sera condamné aux peines ci-dessus indiquées , art. 260.

267. Pour l'enlèvement fait, non pas dans l'église, chapelle, vestiaire ou dans un autre dépôt en dépendant, mais dans un autre lieu quelconque, des effets ou deniers faisant partie des biens de l'église, et qui ne peuvent être considérés , ni comme sacrés ni comme consacrés, les coupables seront, suivant les circonstances , condamnés à l'une des peines portées contre le vol par les art. 2226—2245, 2246—2251, du présent Code.

268. Pour la fouille des tombeaux , fait en vue de piller les morts ou de les outrager, les coupables seront condamnés à la perte de leur état civil et aux travaux forcés dans les forteresses, de dix à douze ans, et — s'ils ne sont pas exempts de punitions corporelles — à la peine du knout, par les bourreaux, dans la mesure déterminée par l'art. 21, pour le quatrième degré de la peine de ce genre, avec application de l'empreinte du fer rouge. Si cependant, le tombeau fouillé par eux, ne l'a été que dans l'unique but d'exercer quelques actes superstitieux et non pour dépouiller les morts, ou pour les outrager, les coupables , après avoir subi la perte de leur état civil seront déportés pour coloniser dans la Sibérie, et — s'ils ne sont pas exempts de punitions corporelles — à la peine du knout , par les bourreaux dans la mesure déterminée par l'art. 22, pour le second degré de la peine de ce genre. Mais lorsqu'il sera reconnu que la fouille du tombeau a été faite sans aucune mauvaise intention, et seulement par folie ou par ivresse, les coupables seront condamnés à la réclusion dans une maison de correction, de six mois à un an.

Remarque. — Les dispositions du présent article ne s'appliquent pas aux fouilles des tombeaux anciens , entreprises en vue d'y découvrir quelques antiquités ou de façonner la terre sur laquelle ils pourraient se trouver, ou dans tout autre but non contraire aux lois.

269. Pour la destruction ou la dégradation des monuments sépulcraux et pour l'endommagement extérieur des tombeaux, lorsque ces actes au-

ront été exercés en haine des morts qui s'y trouvent déposés ou de familles, les coupables seront soumis à la réclusion dans une prison, de six mois à un an, suivant les circonstances. Mais lorsque ces actes auront été commis seulement par légèreté, le coupable sera condamné à une amende de dix à cinquante roubles. Dans tous les cas le coupable sera obligé de réparer à ses frais les monuments qu'il aurait dégradés. Pour l'enlèvement d'un monument sépulcral, ou de ses ornements extérieurs, les coupables seront, conformément aux règles sur le concours des délits, soumis à la mesure la plus haute de la peine portée pour le vol, par l'art. 2238 du présent Code.

CHAPITRE CINQUIÈME.

Du parjure.

270. Celui qui aura prêté un faux serment avec intention réfléchie, sera condamné à la perte de son état civil et à la déportation dans la Sibérie pour coloniser, et,—s'il n'est pas exempt de punitions corporelles —à la peine du knout, par les bourreaux, dans la mesure déterminée par l'art. 22, pour le second degré de la peine de ce genre.

271. Celui qui aura, avec intention réfléchie, prêté dans une affaire criminelle un faux serment, pour confirmer son témoignage, en conséquence duquel, l'inculpé aurait dû injustement subir une peine criminelle, ce méchant et criminel calomniateur subira la peine de la privation de son état civil, et celle des travaux forcés dans des forteresses, de huit à dix ans, et—s'il n'est pas exempt de peines corporelles, à la peine du knout, par les bourreaux, dans la mesure déterminée par l'art. 21, pour le cinquième degré de la peine de ce genre, avec application de l'empreinte du fer rouge.

272. S'il est reconnu que celui qui a prêté un faux serment, l'a fait sans réflexion et seulement à cause de la confusion et des circonstances difficiles ou de la faiblesse de jugement sur la sainteté du serment, il sera soumis à la privation de tous ses droits et priviléges particuliers et à la transportation dans les goubernies de Tomsk ou de Tobolsk, avec réclusion d'un an à deux ans, ou—s'il n'est pas exempt de punitions corporelles —à la peine des verges, dans la mesure déterminée par l'art. 35, pour

le quatrième degré de la peine de ce genre et aux travaux dans les compagnies de discipline, de deux à quatre ans.

273. Celui qui, ayant sans réflexion et seulement à cause d'un trouble, déclaré qu'il était prêt à jurer, l'aura ensuite refusé, sera, après que le tribunal lui aura représenté et fait sentir l'imprudence d'une telle conduite, la gravité et les suites préjudiciables qu'elle aurait pu entraîner, sera condamné aux arrêts, de trois semaines à trois mois.

274. Celui qui aurait prêté un faux serment, s'il n'est pas soumis aux peines établies par l'article précédent 271, sera soumis à la pénitence d'Eglise, conformément aux arrêtés pris par les autorités spirituelles de sa confession.

TITRE TROISIÈME.

Des crimes contre l'Etat.

CHAPITRE PREMIER.

Des attentats contre la personne sacrée de l'Empereur et les membres de la famille Impériale.

275. Tout dessein coupable, tout acte criminel, dirigés contre la vie, la santé ou l'honneur de l'Empereur, et toute résolution de le faire descendre du trône, de le priver du pouvoir souverain, ou d'en limiter les droits, ou d'exercer sur sa personne sacrée une contrainte quelconque, soumettent les coupables à la perte de leur état civil et à la peine de mort.

276. La résolution coupable, désignée sous tous ses aspects ci-dessus, est considérée comme crime effectif, non-seulement dans le cas où le coupable aurait déjà tenté de mettre à exécution ses criminels desseins; mais aussi, lorsque, soit par la proposition faite à un autre pour l'engager à y prendre part, soit par la formation dans ce but, d'une conspiration ou d'un complot, ou par son adhésion à cette conspiration ou complot, soit par la manifestation verbale ou écrite, ou faite de toute autre manière de ses résolutions criminelles tendant au même but, il aurait déjà ainsi entrepris de commettre le crime.

277. Tous ceux qui auront participé à la criminelle résolution ou aux actes criminels dirigés contre la personne sacrée de l'Empereur ou contre son pouvoir autocrate, comme : les complices, les aides, les instigateurs, les excitateurs ou les fauteurs; de même les recéleurs des coupables, et ceux qui, sachant la coupable intention et les malintentionnés, et ayant la possibilité de |les dénoncer, n'auront pas rempli cette obligation, seront condamnés à la même peine.

278. Seront punis de la même peine et d'après les mêmes bases, les coupables de desseins ou d'actes criminels dirigés contre la vie, la santé, la liberté, l'honneur et les droits de l'héritier du trône ou de l'épouse de l'Empereur, ou des autres membres de la famille impériale, et tous les participants à ce crime, de même les recéleurs des coupables, et ceux qui, ayant connu la criminelle intention et pu en faire la dénonciation, n'auront pas rempli cette obligation.

279. Les coupables, convaincus d'avoir composé et propagé des ouvrages écrits ou imprimés, ou des images ou emblêmes, dans le but d'exciter au mépris envers le pouvoir souvcrain, ou contre les qualités personnelles de l'Empereur ou contre sa manière de gouverner l'Etat, seront condamnés, comme coupables de lèse-majesté, à la perte de leur état civil et aux travaux forcés dans des forteresses, de dix à douze ans, et, — s'ils ne sont pas exempts de punitions corporelles —, à la peine du knout par les bourreaux, dans la mesure déterminée par l'art. 21|, pour le quatrième degré de la peine de ce genre, avec application de l'empreinte du fer rouge. Les complices ou participants à la confection ou à la propagation criminelle de pareils écrits, images ou estampes, seront soumis aux mêmes peines. Les coupables de la confection desdits écrits ou images, mais non convaincus de leur propagation malintentionnée, seront condamnés, comme coupables de résolution criminelle, à la réclusion dans des forteresses, de deux à quatre ans, avec perte de quelques-uns des droits et priviléges particuliers, sur la base de l'art. 54. Ceux qui auraient tenu chez eux de pareils écrits ou images, et qui n'auraient pas été convaincus de leur propagation malintentionnée, s'il ne prouvent pas qu'ils les ont possédés en vertu d'un réglement particulier ou d'une permission de l'autorité compétente supérieure, seront soumis aux arrêts de sept jours à trois mois, et pourront être envoyés sous la surveillance de la police, de un an à trois ans.

280. Quiconque osera proférer, quoique en particulier, des paroles

insultantes ou injurieuses contre l'Empereur, ou aura, avec intention, injurié, dégradé ou détruit les portraits, statues, bustes ou autres images de Sa Majesté, exposés dans les lieux où siègent les autorités ou dans d'autres lieux publics, commettra le crime de lèse-majesté, et sera puni de la perte de son état civil et de la déportation aux travaux forcés dans des établissements de l'Etat, de six à huit ans, et, — s'il n'est pas exempt de punitions corporelles—, à la peine du knout par les bourreaux, dans la mesure déterminée par l'art. 21, pour le sixième degré de la peine de ce genre, avec application de l'empreinte du fer rouge. Si le coupable s'était permis des paroles ou actes indécents dans l'état d'ivresse, sans intention arrêtée à l'avance, il sera condamné à la réclusion dans une maison de correction, de six mois à un an.

281. Ceux qui, ayant été témoins des paroles et des actes indécents indiqués dans le précédent art. 280, n'y auraient pas mis d'empêchement et n'en auraient pas fait la dénonciation aux autorités, seront condamnés aux arrêts, de trois semaines à trois mois.

282. Les coupables d'avoir composé et propagé des livres ou mémoires, écrits ou imprimés, contenant des injures ou outrages contre l'héritier du trône, contre l'épouse de l'Empereur ou contre les autres membres de la famille impériale, de même, les coupables d'avoir proféré, quoique en particulier, des paroles indécentes ou injurieuses contre Leurs personnes, Leurs droits ou Leur honneur, ou d'avoir insulté publiquement, avec intention, Leurs statues ou images, seront soumis : les premiers, aux peines portées par l'art. 279 ; les seconds, aux peines établies par l'art. 280. Ceux qui, ayant été témoins de ces actes et paroles indécents, n'y auraient pas mis d'empêchement et n'en auraient pas fait la dénonciation aux autorités, seront condamnés aux arrêts, de trois semaines à trois mois.

CHAPITRE DEUXIÈME.

De la révolte contre le pouvoir souverain, et de la haute trahison.

SECTION Ire. — *De la révolte contre le pouvoir souverain.*

283. Pour révolte contre le pouvoir souverain, c'est-à-dire pour soulèvement en masse et par suite d'une conjuration dirigée contre l'Empe-

reur et l'Etat, et aussi pour la résolution de renverser le gouvernement dans tout l'Empire ou dans quelqu'une de ses parties, ou de changer l'ordre de succession au trône établi par les lois, et pour formation à cet effet d'un complot, ou pour avoir pris part au complot déjà formé dans ce but, ou aux actes, avec connaissance du but de ces actes, ou à l'acquisition, dépôt ou à la distribution d'armes, ou aux autres préparatifs pour la révolte, seront, tous les coupables, aussi bien les chefs ou auteurs que leurs complices, instigateurs, excitateurs, coopérateurs, fauteurs et les recéleurs, soumis à la perte de leur état civil et à la peine de mort. Ceux qui, ayant eu connaissance de cette criminelle résolution et des préparatifs pour la mettre à exécution, et ayant eu la possibilité d'en faire la dénonciation aux autorités, n'auront pas rempli cette obligation, seront condamnés à la même peine.

284. Lorsque la criminelle résolution indiquée dans l'article précédent, 283, aura été découverte à temps par le gouvernement, et dans son principe même, et qu'il n'y aura eu, en conséquence de cette résolution, ni tentative, ni émeute, ni autre suite préjudiciable en provenant, les coupables seront, au lieu de la peine de mort, condamnés à la perte de leur état civil et aux travaux forcés dans les mines, de douze à quinze ans, ou dans des forteresses, de dix à douze ans, eu égard aux circonstances. Ceux d'entre eux qui ne sont pas exempts de punitions corporelles, seront, en outre, soumis à la peine du knout par les bourreaux, dans la mesure déterminée par l'art. 21, pour le troisième ou quatrième degré de la peine de ce genre, avec application de l'empreinte du fer rouge, aussi suivant les circonstances.

285. Les coupables d'avoir composé et propagé des manifestes, appels ou mémoires écrits ou imprimés ou des images, dans le but d'exciter à la révolte ou à la désobéissance contre le pouvoir souverain, seront condamnés à la perte de leur état civil et aux travaux forcés dans des forteresses, de huit à dix ans, et — s'ils ne sont pas exempts de punitions corporelles — à la peine du knout, par les bourreaux, dans la mesure déterminée par l'art. 21, pour le cinquième degré de la peine de ce genre, avec application de l'empreine du fer rouge. Seront soumis à la même peine, les coupables, convaincus de la propagation, dans un esprit malintentionné, des dits ouvrages, et en général, ceux qui auront sciemment participé à ce crime, et aussi, ceux qui, dans quelque lieu que ce soit, auront dans le même but criminel, parlé publiquement de l'affaire. Les coupables des

compositions de pareils manifestes, appels, ouvrages et images, quoique non convaincus de les avoir répandus dans un esprit malintentionné, seront , comme coupables de préparation et de commencement de la tentative pour exciter à la révolte, soumis à la réclusion dans une forteresse, de deux à quatre ans , avec perte de quelques-uns des droits et priviléges particuliers, sur la base de l'art. 54. Ceux qui auront tenu chez eux des manifestes, appels, ouvrages ou des images de ce genre, quoique non convaincus de leur propagation avec intention criminelle, s'ils ne prouvent pas qu'ils les possédaient en vertu d'un ordre spécial ou avec la permission des autorités compétentes supérieures, seront soumis aux arrêts de sept jours à trois mois, et ils pourront être, suivant les circonstances , renvoyés sous la surveillance de la police, de un an à trois ans.

286. Pour avoir composé et propagé des ouvrages écrits ou imprimés et pour avoir parlé publiquement de choses dans lesquelles , quoique les coupables n'eussent pas eu l'intention directe d'exciter à la révolte contre le pouvoir souverain, ils auraient néanmoins cherché à contester ou à soumettre au doute l'intégrité de ses droits ou à critiquer insolemment le système du gouvernement établi par les lois d'Etat , ou celui de l'ordre de succession au trône , les coupables de ces faits seront soumis à la perte de leur état civil et aux travaux forcés dans des établissements de l'Etat, de quatre à six ans, et s'ils ne sont pas exempts de punitions corporelles — á la peine du knout , par les bourreaux , dans la mesure déterminée par l'art. 21, pour le septième degré de la peine de ce genre, avec application de l'empreinte du fer rouge. Seront soumis à la même peine les coupables convaincus d'avoir répandu méchamment de pareils ouvrages et, en général, tous ceux qui auraient sciemment participé à ce crime. Les coupables de la confection d'écrits de ce genre , non convaincus de les avoir répandus dans un mauvais esprit , seront, comme coupables d'intention criminelle , condamnés à la réclusion dans une forteresse, de un an à deux ans. Ceux qui auront tenu chez eux de pareils ouvrages, et qui n'auraient pas été convaincus de leur propagation dans un esprit criminel, s'ils ne prouvaient pas qu'ils les avaient en leur possession en vertu d'un réglement particulier ou avec autorisation des autorités compétentes supérieures, seront pour ce fait, comme coupables de n'avoir pas fait la dénonciation d'un crime ou d'une intention criminelle connus, condamnés aux arrêts de sept jours à trois mois, et ils pourront être, suivant les circonstances , envoyés sous la surveillance de la police, de un an à trois ans.

SECTION. II. — *De la haute trahison et des crimes contre les droits des gens.*

287. Il y a haute trahison :

1° Lorsqu'une personne, quelle qu'elle soit, aura résolu de livrer l'Empire ou une de ses parties à un autre monarque ou gouvernement.

2° Lorsqu'un sujet russe aura excité une puissance étrangère à la guerre ou à d'autres actes hostiles contre la Russie, ou aura dans ce but communiqué les secrets de l'Etat à un gouvernement étranger.

3° Lorsque, pendant la guerre, il aura aidé ou favorisé l'ennemi dans ses opérations militaires ou dans d'autres actes préjudiciables à la patrie ou aux alliés de la Russie, en prenant part à ces actes, ou en donnant des conseils, en découvrant des secrets ou en communiquant des renseignements quelconques, ou aura cherché à entraver les progrès des armées Russes ou de leurs alliés, et en particulier, s'il a livré à l'ennemi, de quelque manière que ce soit, une ville, une forteresse ou une autre place forte, ou un port, un arsenal ou des vaisseaux ou autres bâtiments de mer ou de rivières, ou aura avec intention, laissé surprendre un corps de troupes ou tout autre détachement ou les munitions et équipements de guerre, ou aura communiqué à l'ennemi les plans d'une forteresse, d'un port, d'un hâvre, d'un arsenal ou d'un campement fortifié ou autre, ou de ces lieux qui forment le centre des opérations de guerre, ou aura renseigné l'ennemi sur la situation et le mouvement des troupes ou sur l'état de l'armée et sur les autres moyens d'attaque ou de défense, ou aura excité les troupes russes ou alliées à la désobéissance ou à la révolte ou aura cherché à ébranler la fidélité des sujets russes ou de ceux des puissances alliées, ou ayant reçu de l'ennemi des manifestes ou proclamations séditieuses, les aura répandus en Russie ou sur le territoire de ses alliés, ou aura dans ses écrits affirmé de prétendus droits d'une autre puissance sur quelque partie que ce soit du territoire de l'Empire, ou aura enrôlé les hommes pour les troupes ennemies, ou aura lui-même passé à l'ennemi, ou étant entré au service d'une puissance étrangère, quoique avant sa rupture avec la Russie, aura, après cette rupture, participé à ses opérations militaires ou à ses autres actes préjudiciables à la Russie, ou aura fourni, préparé ou gardé à l'ennemi des armes, de l'argent, des provisions de bouche ou autres secours quelconques, ou aura reçu chez lui, accompagné ou caché les espions de l'ennemi, ou les détachements de ses troupes, envoyés en reconnaissance , ou leur aura donné des secours, en quoi que ce soit, ou se sera fait lui-même l'espion de l'ennemi.

4° Lorsqu'un agent diplomatique ou autre fonctionnaire de cette qualité, muni de pleins pouvoirs pour conclure un traité avec une puissance étrangère, aura , avec intention, abusé de cette confiance au préjudice évident de la patrie ;

5° Lorsqu'un agent diplomatique ou autre fonctionnaire public, et en général un sujet russe , aura soustrait , détruit ou endommagé avec intention des actes ou documents quelconques , devant servir de preuves aux droits de toute nature qui pourraient être réclamés par la Russie à une puissance étrangère , ou , à l'inverse, par celle-ci à la Russie.

288. Les coupables de haute trahison dans tous les cas prévus par l'article précédent , ainsi que ceux qui y auraient sciemment participé , seront punis de la perte de leur état civil et de la peine de mort.

289. Pour la part prise à une révolte ou un complot contre le pouvoir suprême , ou crime de haute trahison , de l'une des manières quelconques indiquées par les articles précédents , outre les peines portées contre les coupables par les art. 275, 278, 283, 286, et 288 , il sera, dans certaines circonstances exceptionnelles , et en vertu des réglements spéciaux du gouvernement , appliqué la confiscation générale de tous les biens patrimoniaux et des acquêts des coupables.

290. Quiconque des sujets russes aura livré un secret de l'Etat à une puissance étrangère , quand même elle ne se trouverait pas en hostilité avec la Russie , ou lui aura communiqué les plans des forteresses russes ou d'autres places fortes , ou de rades , ports , arsenaux , ou aura publié ses plans sans autorisation du gouvernement , sera condamné à la perte de son état civil et à la déportation pour coloniser dans des lieux les plus reculés de la Sibérie, et, s'il n'est pas exempt de punitions corporelles, à la peine du knout , par les bourreaux , dans la mesure déterminée par l'art. 21 , pour le premier degré de la peine de ce genre.

291. Les coupables convaincus d'avoir entretenu , avec des puissances étrangères , quoique sans intention de porter préjudice à la Russie , des intelligences secrètes , seront punis de la réclusion dans une maison de correction , de six mois à un an.

292. Tout sujet russe qui aura entretenu une correspondance secrète avec des sujets des puissances ennemies , quoique sans intention de préjudicier à sa patrie , mais , néanmoins , conduite si imprudemment et si

simplement que les renseignements par lui donnés dans cette correspondance auraient pu profiter à l'ennemi, pour hâter les progrès de ses attentats contre la Russie, sera condamné à la réclusion dans une forteresse, de six mois à un an.

293. Tout sujet russe qui aura, en temps de paix, attaqué à force ouverte les habitants des puissances voisines ou autre gouvernement étranger, et aura de cette manière exposé sa patrie au péril de rupture avec une puissance amie, ou tout au moins, aura ainsi fourni aux sujets de ces puissances le prétexte d'exercer des représailles de leur part sur le territoire russe, sera, pour se crime contre le droit des gens, puni de la perte de son état civil et de la déportation aux travaux forcés dans des forteresses, de huit à dix ans, et, s'il n'est pas exempt de punitions corporelles, à la peine du knout, par les bourreaux, dans la mesure déterminée par l'article 21, pour le cinquième degré de la peine de ce genre, avec application de l'empreinte du fer rouge. Seront condamnés aux mêmes peines tous ceux qui auront volontairement participé à ce crime, et en connaissance de cause.

294. Quiconque osera, publiquement, par paroles ou actes indécents ou injurieux, outrager un ambassadeur, envoyé ou tout autre agent diplomatique, avec intention de montrer du mépris contre le gouvernement lui-même de celui-ci, sera surtout, lorsque une conduite de cette nature aurait pu donner lieu à des explications hostiles entre ce gouvernement et le cabinet russe, puni de la réclusion dans une forteresse, de deux à quatre ans, avec perte de quelques-uns des droits et priviléges particuliers, sur la base de l'art. 54. Pour l'infraction de ce genrs, si elle a été commise sans mauvaise intention et sans circonstances aggravantes, le coupable sera puni de la réclusion dans une forteresse, de six mois à un an.

TITRE QUATRIÈME.

Des crimes et délits commis dans l'ordre gouvernemental et administratif.

CHAPITRE PREMIER.

De la résistance aux ordres du gouvernement et de la désobéissance aux autorités.

295. Quiconque aura ouvertement et obstinément désobéi ou résisté à

une autorité quelconque, constituée par le gouvernement, sera, selon la nature et la gravité de cette désobéissance ou résistance, soumis aux peines portées par les articles ci-dessous.

296. Quiconque se sera ouvertement soulevé contre les autorités établies par le gouvernement, avec dessein d'empêcher la publication des oukases ou manifestes souverains, des lois ou autres ordres ou déclarations du gouvernement ou de s'opposer à la mise à exécution desdits oukases, manifestes, arrêtés ou mesures, pris par le gouvernement, ou de contraindre les autorités à faire un acte quelconque, incompatible avec leurs devoirs ; lorsque une telle contrainte ou résistance aura été faite en armes, de quelque manière que ce soit et accompagnée de violence et de désordres, sera condamné à la perte de son état civil et aux travaux forcés dans les mines, de quinze à vingt ans ; et — s'il n'est pas exempt de punitions corporelles — à la peine du knout, par les bourreaux, dans la mesure déterminée par l'art. 21, pour le deuxième degré de la peine de ce genre, avec application de l'empreinte du fer rouge.

297. Pour la résistance de cette nature, faite même par des gens non armés, mais avec violence et désordre, ou au contraire, par des gens armés, mais sans violence ni désordres, les coupables seront punis de la perte de leur état civil et des travaux forcés dans les mines, de douze à quinze ans, et — s'ils ne sont pas exempts de punitions corporelles — à la peine du knout, par les bourreaux, dans la mesure déterminée par l'art. 21, pour le troisième degré de la peine de ce genre, avec application de l'empreinte du fer rouge.

298. Si ce crime a été commis par des gens non armés et sans violence de leur part, mais cependant de telle manière que les autorités, pour rétablir l'ordre, se soient trouvées dans la nécessité de recourir à des mesures extraordinaires d'apaisement, les coupables seront condamnés à la perte de leur état civil et à la déportation aux travaux forcés dans des établissements de l'Etat, de quatre à six ans, et — s'ils ne sont pas exempts de punitions corporelles — à la peine du knout, par les bourreaux, dans la mesure déterminée par l'art. 21, pour le septième degré de la peine de ce genre, avec application de l'empreinte du fer rouge.

299. Ne seront soumis aux peines portées par les art. 296-298, dans tous les cas y désignés, que les principaux coupables ou chefs, lorsque le crime a été commis sans concert préalable, arrêté par ceux qui y auraient participé, ou les auteurs et les instigateurs, s'il a été com-

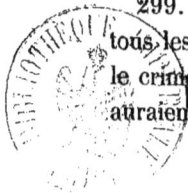

www.ingramcontent.com/pod-product-compliance
Lightning Source LLC
Chambersburg PA
CBHW071451200326
41519CB00019B/5707